Echte Golfer bleiben treu

Kurt W. Zimmermann

Echte Golfer bleiben treu

Vergnügliches vom Abschlag bis zur Fahne

COPRESS

Bibliografische Information der Deutschen Nationalbibliothek
Die Deutsche Nationalbibliothek verzeichnet diese Publikation in der
Deutschen Nationalbibliografie; detaillierte bibliografische Daten sind
im Internet über http://dnb.d-nb.de abrufbar.

3., durchgesehene Neuauflage 2019

Printed in Germany

ISBN 978-3-7679-1087-4

www.copress.de

Dieser Titel ist auch als E-Book erhältlich (ISBN: 978-3-7679-2002-6)

Für Uli Rubner, meine Frau. Sie liefert mir immer wieder originelle Ideen für meine Texte – aber das ist noch lange kein Grund, sie in diesem Buch zu verschonen.

Inhaltsverzeichnis

Vorwort *oder* das Spiel der unbegrenzten Möglichkeiten

Stellen Sie sich einmal vor, wir gehen unter.

Stellen Sie sich vor, unsere Kultur geht unter, genauso wie die Kulturen der Azteken, der Ostgoten und der Mayas untergegangen sind.

Wir sind also untergegangen. Tausend Jahre später graben ein paar Archäologen die Überreste unserer Kultur aus. Als erstes graben sie einen Golfshop aus. Die Archäologen finden eine Menge von dünnen Metallstöcken. Dann finden sie eine Menge von weißen Bällen.

Die Archäologen schließen daraus, dass unsere Zivilisation mit diesen Metallstöcken die weißen Bälle in die Luft geschlagen hat. Die Bälle flogen dem Himmel entgegen. Die Archäologen sind darum sicher, dass es sich um ein religiöses Ritual gehandelt hat. Es war ein Ritual zur Anbetung des Sonnengotts.

Es ist tatsächlich nicht ganz leicht zu verstehen, was wir hier treiben. Wir hauen mit Metallstöcken weiße Bälle in die Luft. Wir hören erst damit auf, wenn der Ball in einem dunklen Loch verschwunden ist.

Dann ziehen wir gemeinsam ins Klubhaus und feiern, dass der weiße Ball in einem dunklen Loch verschwunden ist.

Jeder von uns entwickelt rund um diese seltsamen Aktivitäten einen sehr persönlichen Stil. Der eine konzentriert sich minutenlang, der andere haut einfach drauf. Die eine spielt nur in Lila, die andere nur mit gelben Bällen. Manche brauchen Zuspruch. Andere wissen alles besser. Die einen nehmen Golf tierisch ernst. Die anderen wollen nur ihren Spaß. Manche zittern vor Nervosität. Manche rauchen stoisch Zigarre. Der eine ist kollegial. Der andere betrügt. Manche lachen. Manche fluchen. Am einen Tag treffen wir jeden Ball. An nächsten Tag treffen wir keinen Ball.

Golf ist das Spiel der unbegrenzten Möglichkeiten.

Wir Golfer sind Individualisten. Wir sind Individualisten, die sich zu einem gemeinsamen Spiel zusammenfinden. Das ist eine wunderbare Ausgangslage, weil sie eine natürliche Spannung erzeugt. Das individuelle Verhalten des Golfers auf dem Platz steht seinem sozialen Verhalten auf dem Platz gegenüber. Das muss zwingend zu heiteren Situationen und vergnüglichen Beobachtungen führen.

Über Golfer zu schreiben, ist darum nicht schwierig. Sie geben immer wieder neuen, amüsanten Stoff her. Darum erscheint – nach den zwei Bestsellern »Echte Golfer weinen nicht« und »Echte Golfer fahren links« – nun mein dritter Band zur Verhaltenskunde der golfenden Gattung.

Auch wenn es genug amüsanten Stoff gibt, so ist man als Autor doch immer wieder dankbar für Hinweise zur golferischen Verhaltensbiologie. Ich freue mich stets über Hinweise zu all diesen Eigenheiten, Eigenwilligkeiten und Eitelkeiten der Golfergemeinde.

An solchem Input, so kann ich gerne bestätigen, ist kein Mangel. Wir Golfer sind eine Art Hobbysoziologen, die mit einem bemerkenswert scharfen Blick für unsere Umgebung ausgestattet ist. Wenn sie mit einer neuen Tigerhose auftaucht, ist das sofort ein Thema. Wenn er mit einem neuen Superdriver auftaucht, ist das sofort ein Thema. Wir sind nicht ganz frei von Voyeurismus.

Wenn wir also von einer Runde zurück sind, sagt zum Beispiel der Peter zu mir: »Warum schreibst du nicht einmal über diese Marotten auf dem Abschlag? Nimm zum Beispiel die Elisabeth.«

Später sagt die Elisabeth zu mir: »Warum schreibst du nicht einmal über diese Wichtigtuer im Klubhaus? Nimm zum Beispiel den Peter.«

Ich schreibe also über die Elisabeth und den Peter und all die anderen. Ich mache mich mitunter lustig über sie. Ich mache mich lustig auch über meine Freunde und Freundinnen.

Sorry Freunde – aber so ist das Golferleben.

Wir wissen genau, was wir tun

Golfer wissen selbst sehr genau, warum sie neben den Ball hauen. Danach hauen sie neben den Ball.

Auf unserer Golfrunde schlug meine Frau zweimal hintereinander in den Boden. »Du schlägst in den Boden«, sagte ich, »weil du während des Schwungs in die Knie gehst.«

»Ich weiß selbst, warum ich in den Boden schlage«, fauchte meine Frau zurück.

»Wenn du weißt, warum du in den Boden schlägst«, sagte ich, »warum schlägst du dann in den Boden?«

Das war eine äußerst sachliche, aber offenbar keine passende Frage. Der Blick, den sie mir zuwarf, wird in der Literatur gerne als »eiskalt« bezeichnet. Ich erwarb mir ihre Gunst erst später wieder, als ich ihr nach der Runde ein paar Gläser Champagner spendierte. »Den Champagner bitte eiskalt«, sagte sie.

Es gibt ein paar wirklich delikate Dinge auf dieser Welt. Delikat zum Beispiel ist die Frage, wie man am besten aus der Atomenergie aussteigt. Delikat sind auch die Pläne für neue Siedlungen im Westjordanland.

Noch delikater ist nur, einer Golferin oder einem Golfer zu sagen, dass er beim Golfen etwas falsch macht. »Ich weiß selbst, warum ich in den Boden schlage«, fauchen dann die Golferin und der Golfer zurück.

Damit sind wir bei der Frage, was Golf von Microsoft Excel oder von Autofahren im Winter unterscheidet.

Niemand hat ein Problem, wenn man ihm erklärt, dass man beim Tabellenkalkulationsprogramm Microsoft Excel mit der Tastenkombination STRG+X den Zellinhalt ausschneiden kann. Es ist nützlich, dies zu wissen. Niemand hat beim Autofahren ein Problem, wenn man ihm erklärt, dass man auf Schnee besser im zweiten Gang anfährt. Es ist nützlich, dies zu wissen. Jeder ist froh über den Tipp.

Wenn man aber dem Golfer etwas erklärt, dann findet er das nicht nützlich und ist er nicht froh über den Tipp. Er faucht.

Die Erklärung dafür ist einfach: Am Computer und beim Autofahren weiß man selbst genau, dass man nicht alles kann. Man ist dankbar für externe Hilfe.

Bei Golf hingegen weiß jeder sehr genau, wie es geht. Oder etwas präziser formuliert: Man weiß in der Theorie sehr genau, wie es geht. Man kann es nur in der Praxis nicht. »Ich weiß sehr genau, warum ich in den Boden schlage«, sagen wir dann.

Die Diskrepanz zwischen Theorie und Praxis ist einer der Hauptgründe, warum Golf so faszinierend ist und warum wir so gern auf den Golfplatz gehen. Die Spannung zwischen Ist und Soll ist immer da. Manchmal wissen wir im Kopf genau, wie es geht, aber auf dem Platz geht es trotzdem nicht. Dann wieder wissen wir im Kopf nicht genau, wie es geht, aber auf dem Platz geht es wunderbar.

Als ich vor Kurzem wieder mit meiner Frau spielte, landete ihr Ball im Sand, eingegraben in der Bunkerkante. Ich hatte keine Ahnung, wie man so ein Ding herausspielt.

Sie machte nicht lange herum, holte aus, schlug drauf, der Ball stieg in die Luft und blieb einen halben Meter neben der Fahne liegen.

»Was sagst du jetzt?«, fragte sie. Der Blick, den sie mir zuwarf, wird in der Literatur gerne als »triumphierend« bezeichnet.

Ententanz gegen die Angst

Jeder von uns hat seine Marotten, Macken und Ticks. Auf dem Golfplatz helfen sie uns beim Überleben.

Meine Freundin Elisabeth ist eine gute Golferin. Sie erinnert mich an eine Ente.

Bevor Elisabeth abschlägt, hebt sie mehrmals die Arme und die Ellbogen an, dann geht sie drei- oder viermal in die Knie, bevor sie erneut die Arme und die Ellbogen anhebt. Dann erst schlägt sie ab.

Der Ententanz heißt im französischen Original »la dance des canards«. Es ist das bekannteste Stück des Komponisten Werner

Thomas. Auf Englisch heißt das Stück »Chicken Dance«. Der Song wurde über vierzig Millionen Mal verkauft. Die Enten im Ententanz-Video tanzen genauso wie meine Ente Elisabeth.

Mein Freund Theophil ist ein guter Golfer. Er erinnert mich an einen Landvermesser. Beim Putten kniet er nieder und legt seinen Ball aufs Green. Er legt den Ball so hin, dass die Markeninschrift des Balls genau in die Mitte des Lochs zielt. Weil es wirklich genau die Mitte des Lochs sein muss, muss er den Ball mehrmals neu justieren. Das dauert gefühlte fünf Minuten.

Nach fünf Minuten Landvermessung puttet Theophil dann endlich und schiebt den Ball links oder rechts am Loch vorbei.

Im Fall von Dieter ist es ähnlich. Bevor er zum Driver greift, steckt er sich immer ein Holztee hinters Ohr. Dann erst schwingt er durch.

Ich habe ihn einmal gefragt, warum er sich vor dem Abschlag immer ein Holztee hinters Ohr stecke. »Weil ich den Ball sonst nicht treffe«, sagte er.

Gute Antwort. Fast alle Golfer haben irgendeine Marotte. Am häufigsten zeigt sich die Marotte bei der Vorbereitung zum Schwung. Da tanzen die Enten in jeder erdenklichen Form, da werden halsbrecherische Probeschwünge vollführt und symbolhafte Ballbeschwörungen ausgesprochen. Ähnlich verbreitet sind die Macken rund ums Material. Der eine kann nur mit roten Tees, die andere nur mit den teuersten Bällen, der Dritte nur mit einem Armreif aus Kupfer.

Warum stellt sich keiner ganz normal hin, haut ganz normal drauf und geht ganz normal weiter?

Ich habe in meiner Jugend einmal Psychologie studiert und kann mich darum als Experte aufspielen. Macken und Marotten haben mit Kontrolle und Kontrollverlust zu tun.

Macken und Marotten entstehen, wenn das Individuum weiß, dass es keine Kontrolle über seine Umgebung hat. Dann versucht es, diese Kontrolle mit Ritualen zurückzugewinnen. Die Rituale müssen ständig wiederholt werden. Die häufigsten dieser Ticks sind Reinigungs- und Ordnungszwänge. Manche waschen sich darum dauernd die Hände oder richten die Bücher im Büchergestell mehrmals täglich millimetergenau aus.

Macken und Marotten entstehen aus Angst vor Kontrollverlust. Jeder Golfer kann das sehr gut verstehen. Wenn es im Leben eines Golfers irgendetwas gibt, über das er keine Kontrolle hat, dann ist das Golf. Dieser Ansicht ist der lausigste Platzreife-Spieler genauso wie der letzte Sieger der British Open.

Die Psychologie sagt, dass eine Marotte erst dann zu einer zwanghaften Störung wird, wenn sie mehr als eine Stunde pro Tag beansprucht. Wenn der Putzfimmel also mehr als eine Stunde pro Tag verschlingt, dann muss man einmal mit einem Arzt reden.

Nun fällt mir wieder Freund Theophil ein, der Landvermesser, der den Ball dauernd so hinlegt, dass die Markeninschrift genau in die Mitte des Lochs zielt. Das dauert. Wenn ich zusammenrechne, beansprucht seine Ball-Macke rund eine Stunde pro Runde.

Ich glaube, ich muss einmal mit Theophil reden.

Ein Philosoph im Klubhaus

Genieße jeden Tag deines Lebens, sagt Epikur. Das braucht man uns Golfern nicht zweimal zu sagen.

Epikur, wie man weiß, war der Begründer des Hedonismus. Die philosophische Schule des Hedonismus stellt die Optimierung des individuellen Lebensglücks an die oberste Stelle der Werteskala. Die Leitlinie des Lebens ist das Lustprinzip.

Epikur, griechische Schreibweise Ἐπίκουρος, zog 307 v. Chr. von Samos nach Athen. Dort kaufte er einen üppigen Garten, den Kepos, in dem er nun einen großen Teil seiner Zeit verbrachte. Im Kepos traf sich manch fröhliche Runde zum Zechen und Palavern. Es war eine Art hellenistische Spaßgesellschaft.

Wir können davon ausgehen, dass Epikur seinen Lebensmittelpunkt heute nicht im Kepos, sondern im Klubhaus einrichten

13

würde. Das wäre folgerichtig. Der Golfplatz ist in unserer Gesellschaft so etwas wie der letzte Garten des bekennenden Hedonismus. Nirgendwo sonst wird so freimütig gelacht, gebechert, geblödelt, geraucht und geschwatzt.

Ich kenne mich bei etlichen Subgruppen dieser Gesellschaft einigermaßen aus. Ich kenne die Subgruppe der Unternehmer, der Politiker, der Banker, der Beamten, der Geistlichen, der Bergsteiger und der Briefmarkensammler.

Aber es ist wahr: Ich habe noch nie so viele fröhliche Gesellen getroffen wie in der Subgruppe der Golfer und auch noch nie so viele Zigarrenraucher, Cognactrinker, Sportwagenfahrer und Gänseleberesser. Viele Golfer sind Lebenskünstler. Die Golferinnen sind leider keinen Deut seriöser, auch wenn sie Panetelas rauchen und Aperol Spritz statt Cognac trinken.

Und damit wären wir beim Problem.

Epikur gehört zu den meistgehassten Philosophen der Geistesgeschichte. Die Truppe der sittenstrengen Weltverbesserer versuchte, seine fröhliche Lehre immer wieder zu unterdrücken und zu verbieten. Vor allem den christlichen Kirchenfürsten ging Epikurs Philosophie gewaltig auf die Nerven. Martin Luther und die Calvinisten hassten ihn wie die Pest. Auch Georg Wilhelm Friedrich Hegel fand Epikurs lustbetonte Lebensfreude eine Zumutung.

Gegenüber uns Golfern ist die Wahrnehmung ganz ähnlich. Auch wir sind lebensfroh, und vielen gehen wir dadurch gewaltig auf die Nerven, obschon sie noch nie einen Golfplatz betreten haben.

Die Ablehnung, bis hin zum Hass, wird jeweils bei Golfprojekten sichtbar. Die Golfer werden nicht bis aufs Blut bekämpft, weil ihre Plätze eine ökologische Bedrohung wären. Umweltauflagen sind heute lösbar. Die Golfer werden bekämpft, weil man in ihnen Epikureer vermutet.

Unsere Gegner glauben, dass wir Golfer die Optimierung des individuellen Lebensglücks an die oberste Stelle der Werteskala stellen und unsere Leitlinie des Lebens das Lustprinzip ist.

Vermutlich haben sie sogar Recht. Doch damit gehen wir den Sauertöpfen natürlich gewaltig auf den Keks.

Epikur, wie jeder große Philosoph, hat eine Menge an anschaulichen Aphorismen hinterlassen. Die besten davon finden sich im Buch »Wege zum Glück«.

»Der Anfang des Heils ist die Kenntnis des Fehlers«, sagt zum Beispiel Epikur. Das sagt mein Golflehrer auch immer zu mir.

Gentlemen only, Ladies forbidden

Was bedeuten eigentlich die vier Buchstaben G-o-l-f?
Es ist eine frohe Form des Geschlechterkampfs.

Es gibt eine ganze Menge Erklärungen, wie das Wort »Golf« entstanden ist.

Man kann die Frage etymologisch angehen. Die heutige Schreibweise findet sich erstmals im Jahr 1457, als das schottische Parlament »ye golf« verbot. Der Bann wurde nötig, weil die Armeeangehörigen zum Spaß dauernd Golf spielten, statt sich in der staatserhaltenden Pflicht des Bogenschießens zu üben.

Aus Holland wissen wir, dass es 1456 verboten wurde, ein Spiel namens »kolf« in der Nähe von Gotteshäusern zu betreiben. In Brüssel wurde das »colven« schon 1360 untersagt.

Zuerst einmal sehen wir also, dass die Geschichtsschreibung oft erst durch Verbote zustande kommt. Die Nachwelt erfährt, was die Vorfahren nicht durften. Das ist bis heute nicht anders. In unseren Gesetzen steht nicht, was erlaubt ist. Es steht nur, was verboten ist. Verboten ist zum Beispiel Steuern zu hinterziehen, im Restaurant zu rauchen oder nach der Golfrunde mit mehr als 0,5 Promille nach Hause zu fahren.

Man kann die Frage, wie das Wort »Golf« entstanden ist, aber auch weniger linguistisch und dafür lebensnaher angehen. In dieser Betrachtung ist vor allem die Interpretation von uns männlichen Kampfgolfern von Bedeutung.

»Golf« ist eine Abkürzung. Sie steht für: Gentlemen Only, Ladies Forbidden.

So erklären bis heute die Briten, wie das Wort Golf wirklich entstanden ist. Sie erklären es besonders gerne, wenn sie schon ein paar Bier intus haben. Tatsächlich waren bis ins 19. Jahrhundert Frauen und Hunde auf Golfplätzen nicht erlaubt. Eine Golfpartie war eine Herrenpartie. Das hat sich leicht geändert, weil heute nur noch Hunde auf der Spielbahn verboten sind.

Nicht geändert hat sich, dass Golf ein Refugium der Geschlechtertrennung geblieben ist. Geschlechtertrennung ist üblich im Golf. Aber das hat nichts mit Diskriminierung, sondern mit Vorlieben zu tun.

Es ist nun einmal so, dass Männer lieber mit Männern als mit Frauen Golf spielen. Das gilt ganz besonders für einen flotten Viererflight. Es spielen also Alex, Marco, Paul und Kurt am Dienstagnachmittag. Wir unterhalten uns zwischen den Schlägen über Sportwagen, Weine und Frauen. Hier würden Frauen nur stören.

Und es ist nun einmal so, dass Frauen lieber mit Frauen als mit Männern Golf spielen. Das gilt ganz besonders für einen flotten Viererflight. Es spielen also Christine, Ulrike, Bea und Sandra am Donnerstagnachmittag. Sie unterhalten sich zwischen den Schlägen über Häuser, Mode und Männer. Hier würden Männer nur stören.

Ich halte es für einen schönen zivilisatorischen Fortschritt, dass auf einer Golfrunde keine Frauenquote vorgeschrieben ist. Es braucht keinen Feminin-Proporz der heute üblichen 30 bis 50 Prozent. Und ich weiß, dass die Frauen es genauso schätzen, dass es keine Männerquote gibt. Ich halte es für einen zivilisatorischen Fortschritt, weil die Geschlechtertrennung auf dem Fairway freiwillig und spielerisch ist, und nichts mit der Verkrampftheit der politischen Diskussion zu schaffen hat.

Damit man mich richtig versteht: Natürlich spiele ich auch mit meiner Frau. Ich spiele mit ihr am Wochenende oder im Urlaub oder, wenn Alex, Marco und Paul aus anderen Gründen ausnahmsweise nicht verfügbar sind.

Paralyse durch Analyse

Das menschliche Gehirn ist mit einem Computer vergleich-
bar. Doch es hat einen unheilvollen Nachteil: Es denkt.

Der Satz ist von Lubo, und ich halte den Satz für genial. Lubo ist
ein Golfkumpel aus der Tschechei. Wir spielen jedes Jahr ein paar-
mal miteinander.

»The brain is not your friend«, sagte Lubo.

Das Gehirn ist nicht dein Freund.

Lubo sagte den Satz, nachdem er einen kurzen Pitch statt an die
Fahne in den Bunker gehauen hatte. Lubo klopfte daraufhin mit den
Knöcheln an seinen Schädel und sagte: »The brain is not your friend.«

Lubo hat damit eine bemerkenswerte Golfweisheit geprägt. Golf
gehorcht dem Gehirn nicht. Das Hirn ist auf dem Platz außer Kraft.
Das Hirn ist nicht mit der Muskulatur verbunden. Ich vermute, dass
Golf die einzige Sportart ist, bei der sich der Körper dermaßen vom
Hirn entkoppeln kann.

Wenn das Gehirn eines Boxers dem Boxer sagt, er solle seine
linke Faust ausfahren, dann fährt der Boxer seine linke Faust aus.
Wenn das Gehirn eines Fußballers dem Fußballer sagt, er solle
einen Rückpass spielen, dann spielt der Fußballer einen Rückpass.
Es ist nicht denkbar, dass der Boxer stattdessen seine rechte Faust
ausfährt und der Fußballer einen Steilpass spielt.

Bei uns Golfern ist diese Logik auf den Kopf gestellt. Wenn das
Gehirn eines Golfers dem Golfer sagt, er solle einen kurzen Pitch
an die Fahne setzen, dann setzt der Golfer einen langen Pitch in den
Bunker. Wenn das Gehirn eines Golfers dem Golfer sagt, er solle
einen Drive in die Mitte der Spielbahn schlagen, dann schlägt der
Golfer den Drive links ins Gebüsch.

Unerklärlich, aber warum?

Oberflächlich betrachtet hat es damit zu tun, dass der Golfschwung eine äußerst komplexe Bewegung ist, bei der bis zu 130
Muskeln eingesetzt werden. Da kann beim physischen Zusammen-
spiel natürlich einiges schiefgehen.

Grundsätzlich betrachtet hat es damit zu tun, dass die Golfer auf dem Platz ihr Hirn überstrapazieren. Das unterscheidet sie von Boxern und Fußballspielern. Boxer denken während des Boxens nicht dauernd an die Probleme des Boxens. Fußballspieler denken während des Fußballspielens nicht dauernd an die Probleme des Fußballspielens. Sie fahren einfach die linke Faust aus oder spielen einen Rückpass, und damit hat es sich.

Golfer hingegen denken während des Golfens ununterbrochen an die Probleme des Golfens. Sie überlegen, ob der Wind von vorne oder von hinten kommt. Sie überlegen, ob die Fahne vorne oder hinten steckt. Sie überlegen, ob sie diesen oder jenen Schläger wählen. Sie überlegen, ob sie einen Fade oder eine Draw spielen. Sie überlegen, ob sie den Rückschwung eher hoch oder eher flach halten. Sie überlegen und überlegen und überlegen und denken und denken und denken.

Dann geht gar nichts mehr.

Es gibt einen schönen Ausdruck für diese Art von mentaler Selbstzerstörung. Er heißt »Paralyse durch Analyse«.

Vor lauter Analysieren paralysieren wir uns. Zehn Billionen Rechenoperationen schafft ein menschliches Gehirn pro Sekunde. Das entspricht etwa der Leistung eines IBM-Supercomputers. Für den Golfplatz und seine Bündelung von Fragen über Fragen ist das nicht genug.

Das Gehirn ist nicht dein Freund. Das Gehirn ist auf dem Platz hoffnungslos überfordert.

Singing in the Rain

Golfer und Fischer sind die zwei einzigen Volksgruppen, die sich auch im Regen amüsieren.

Für Sonntagvormittag hatten wir uns mit Carmen und Urs auf eine Runde verabredet. Als wir gegen neun Uhr aufwachten, regnete es. Es regnete ziemlich stark.

Ich rief also Carmen auf ihrem Handy an. »Schade«, sagte ich, »aber da wird nichts draus. Wir gehen ins Museum statt auf den Golfplatz.«

»Aber hallo«, sagte Carmen, »wir sind schon da.«

Bevor wir zur Frage kommen, warum erwachsene Erdenbürger in prasselndem Regen Golf spielen, schiebe ich kurz den klassischen Witz in dieser Angelegenheit ein.

Es regnet. Zwei Golfer kommen auf ihrer Runde an einem Punkt vorbei, von dem aus sie einen Fluss überblicken. Kopfschüttelnd sagt der eine: »Schau, diese zwei Deppen da drüben, die fischen sogar in strömendem Regen.«

»Nichts da Museum«, sagte nun Carmen, »Abschlag ist in sechzig Minuten.«

Wir stiegen also in den Keller hinunter. Wir konnten uns dunkel erinnern, dass wir aus alten Zeiten irgendwo eine Regenuniform hatten. Tatsächlich fanden wir im Schrank zwei wasserdichte Hosen, Jacken und Hüte. Sie waren reichlich angestaubt. Die zwei Schirme mussten wir nicht suchen. Die stecken stets in unseren Golfbags. Sie sind innen silbern beschichtet, weil dies am besten gegen die Sonne im Sommer hilft.

Wir spielten also mit Carmen und Urs. Es schüttete ohne Unterlass. Nach neun Löchern schlug ich vor, man könnte nun die nasse Übung abbrechen und sich ins warme Klubhaus verschieben. Carmen und Urs schauten mich an, als ob ich den Verstand verloren hätte. Ich realisierte wieder einmal, was echte Golfer sind.

Es gibt nur wenige andere Sportarten, die derart regenfest sind. Ich habe zum Beispiel noch nie Tennisspieler in Regenjacken und Regenhosen auf dem Platz gesehen. Auch Springreiter mit Schirm sind selten. Am nächsten verwandt sind uns tatsächlich die Fischer. Die treiben es auch bei jedem Wetter.

Als wir nach der Runde, frisch geduscht, ins Klubhaus einbogen und zur Speisekarte griffen, musste auch ich mir sagen: Das war gar nicht schlecht. Nach 18 Loch im Regen hat man das Gefühl, für diesen Tag wirklich etwas geleistet zu haben. Ich bezahlte Carmen zum Dank für die nasse Runde einen Martini Dry.

Spielen im Regen hat mit der Tradition dieses Sports zu tun. In Schottland, wo Golf zum Alltag gehört, regnet es dauernd. Edinburgh zum Beispiel zählt im Jahr 191 Regentage. Interessanterweise spielen viele Schotten aber auch im Regen nicht in diesen wasserdichten Uniformen, wie wir das tun. Sie tragen eine Flanellhose und einen Strickpullover. Spielt eh keine Rolle, sagen sie sich. Spielt vermutlich wirklich keine Rolle.

Oder, wie im Witz, nur ganz selten: Ein Golfer spielt jeden Sonntagmorgen und kommt immer erst am Nachmittag heim. An diesem Morgen aber regnet wie aus Kübeln, der Platz ist gesperrt. Er fährt vom Platz also wieder nach Hause zurück, kriecht zurück ins Bett und flüstert: »Das Wetter da draußen ist fürchterlich.« »Und trotzdem«, sagt sie, »spielt mein blöder Ehemann da draußen auch heute wieder Golf.«

Rommel, Hitler & Co.

Wenn er direkt ins Loch trifft, dann sagt der Golfer beschwingt: »Mir ist ein Boris Becker gelungen.«

Wissen Sie was ein »Rommel« ist? Ganz einfach. Sie schlagen den Ball aus dem Bunker und landen im nächsten Bunker. Sie marschieren also von einem Sand zum nächsten Sand. Ein »Rommel«.

Generalfeldmarschall Erwin Rommel war der Chef der Wehrmacht in Afrika. Man nannte ihn Wüstenfuchs. Er verbrachte seine Karriere primär im Sand Nordafrikas. Rommel kannte sich aus im Sand.

Wissen Sie was ein »Hitler« ist? Ganz einfach. Sie schlagen den Ball im Bunker und liegen nach dem Schlag immer noch im Bunker. Sie sind im Bunker und bleiben im Bunker. Ein »Hitler«.

Reichskanzler Adolf Hitler war der Chef des deutschen Reichs. Man nannte ihn Führer. Am Ende seiner Karriere hockte er nur noch in seinem Führerbunker in Berlin. Hitler kannte sich aus im Bunker.

Etwas, was ich an Golf sehr liebe, ist diese ironische Respektlosigkeit auf dem Platz. Golfer haben ein loses Maul. Das lose Maul macht sie sympathisch.

Sie haben ein loses Maul, weil der Golfplatz ihr Territorium der Unbeschwertheit ist. Es ist ihr Gegenentwurf zur alltäglichen Realität der verbalen Selbstdisziplin.

Im Berufsalltag zum Beispiel sind wir ja alle ein Muster an Kontrolle und Verbindlichkeit. Wenn der Präsident des Aufsichtsrates in einer Sitzung einen völligen Quatsch erzählt, dann sagen wir nicht: »Das ist völliger Quatsch«. Nein, wir sagen stattdessen: »Geschätzter Herr Präsident, bei allem Respekt, aber Ihre brillante Idee ist womöglich noch etwas optimierbar.«

Wenn unser Golfkollege im Bunker steht, draufhaut, und der Ball im Bunker liegenbleibt, dann sagen wir nicht: »Geschätzter Golfkollege, bei allem Respekt, aber dein brillanter Schlag ist womöglich noch etwas optimierbar.« Nein, wir sagen stattdessen: »Ein ›Hitler‹.«

Das kleine Spiel mit den symbolischen Namen ist ein beliebtes Vergnügen auf dem Platz. Was zum Beispiel ist ein »Heidi Klum«? Etwas lang getroffen. Was ist ein »Günther Grass«? Schwierig zu lesen. Was ist ein »Monica Lewinsky«? Ganz knapp ausgelippt. Was ist ein »Prinzessin Diana«? Hätte besser einen Driver genommen. Was ist ein »Boris Becker«? Direkt ins Loch.

Das Lustige daran ist, wie sich die Beispiele dauernd erneuern. Es gibt immer neue Parallelen zur Aktualität. So habe ich vor kurzem mit einem Freund gespielt, der einen dritten Partner auf die Runde mitgenommen hatte.

»Er ist ein netter Kerl«, sagte er, »aber pass auf, er ist ein ›Steinbrück‹.«

»Was ist ein ›Steinbrück‹?«, fragte ich.

»Er spielt immer nur um Geld.«

Gute Laune, schlechte Laune

Es ist egal, ob man eine Frohnatur oder ein Griesgram ist. Der Zustand wechselt sowieso die ganze Zeit.

Als ich an diesem Morgen aufwachte, hatte ich richtig schlechte Laune. Die schlechte Laune hatte mit einer unerfreulichen Diskussion am Vorabend zu tun. Es ging ums Geschäft.

Ich fuhr zum Golfplatz. Auf dem Weg zum Golfplatz wurde meine schlechte Laune noch schlechter. Als ich am ersten Abschlag auf meine Mitgolfer traf, knurrte ich sie an. Meine Laune war schlechter denn je.

Dann spielte ich so gut wie selten zuvor.

Hinterher überlegte ich mir, ob es einen Zusammenhang zwischen der Gemütslage und dem Golfspiel geben könnte. Spielt man besser, wenn man vor dem Abschlag gute Laune hat, oder spielt man besser, wenn man schlechte Laune hat?

Erfahrene Golfer kennen die Antwort. Es spielt keine Rolle.

Es spielt keine Rolle, weil jede Golfrunde ohnehin ein permanentes Karussell der Stimmungen ist. Es ist ein stetes Up-and-down. Die Stimmung schwankt im Zweiminutentakt, also von Schlag zu Schlag. Man kann bei den Mitspielern – und bei sich selbst – im Zweiminutentakt beobachten, wie es auf und nieder geht. Gelingt ein schöner, langer Drive, richtet sich das Rückgrat auf. Misslingt ein hässlicher, kurzer Chip, fallen die Schultern vornüber.

Manchmal schauen wir Golfer anderen Golfern auf einem benachbarten Fairway zu. Wir können zwar ihre Bälle in der Luft nicht sehen, aber wir wissen aus der Distanz genau, ob ihre Schläge geglückt sind oder nicht. Ist der Schlag geglückt, schaut der Golfer dem Ball nur kurz und eher beiläufig hinterher. Ist der Schlag missglückt, bleibt der Golfer ungleich länger stehen und starrt in Richtung Gebüsch oder Gewässer, in dem seine Kugel entschwunden ist.

Das untrüglichste Zeichen für einen komplett missratenen Versuch ist, von Ferne betrachtet, wenn der Golfer nach dem Schlag einen nachträglichen Probeschwung vollführt.

Bemerkenswert ist, wie schnell es gehen kann. Drei miese Schläge hintereinander, und der vergnügteste Zeitgenosse verwandelt sich in einen Miesepeter. Drei tolle Schläge hintereinander, und der übelste Griesgram wird zur Frohnatur.

Den potenziellen Miesepetern und Griesgramen wollen wir darum noch kurz eine der wesentlichen Weisheiten des Sports in Erinnerung rufen: Jedem Golfer misslingen maximal drei Schläge hintereinander. In jedem Fall endet dann diese unglückliche Serie. Danach beginnt eine neue Serie von drei misslungenen Schlägen hintereinander.

Ich hatte also richtig schlechte Laune, knurrte meine Mitspieler an und legte den Ball aufs Tee. Ich war wild entschlossen, einen wenig erbaulichen Vormittag zu verbringen. Ich legte den Ball aufs Tee und schlug mit dem Driver heftig und missmutig auf ihn ein. Der Ball startete leicht nach rechts, flog und flog, bog dann sanft zur Mitte des Fairways um, landete und rollte und rollte aus. Es war einer der besten Abschläge in meiner an Enttäuschungen reichen Golfkarriere.

Ich hatte selten im meinem Leben bessere Laune.

Der Polarbär in uns

Das Problem im Leben und Golf: Unsere Gedanken lösen unsere Aktionen aus. Wir lösen unsere Gedanken aus.

Eine der schwierigsten Übungen für das menschliche Gehirn ist die Übung mit dem weißen Polarbären.

Die Übung geht so: Setzen Sie sich eine Minute ruhig hin und denken Sie nicht an einen weißen Polarbären. Sie dürfen während dieser Minute an alles Mögliche denken, Sie dürfen nur nicht an einen weißen Polarbären denken.

Es ist klar, was geschieht. Sie denken eine Minute lang an nichts anderes als an einen weißen Polarbären.

Sie haben den Polarbären buchstäblich vor Augen. Sie können ihn eine Minute lang sehen. Das nennt man Visualisierung.

Visualisierung ist eine wesentliche Voraussetzung, um beim Golf Erfolg zu haben. Genau so entscheidend ist Visualisierung, um im Golf Misserfolg zu haben.

Bei der Visualisierung handelt sich um ein sogenanntes neuromuskuläres Phänomen. Das Gehirn sendet Impulse an die Muskeln. Die Impulse sind Visualisierungen. Aufgrund dieser vom Hirn gesendeten Vorstellungen formen die Muskeln nun eine Art physisches Gedächtnis. Dann rufen sie das Gedächtnis ab und lösen eine muskuläre Aktivität aus.

Wem das etwas zu kompliziert ist, dem sage ich es verständlicher: Die Visualisierung ist der Grund, warum wir Golfer vor einem Teich stehen und dann den Ball kläglich im Teich versenken.

Wenn kein Teich da wäre, würden wir den Ball wunderbar treffen.

Unsere Gedanken lösen unsere Aktionen aus. Wir lösen unsere Gedanken aus.

Damit wären wir zurück beim Polarbären. Es ist verdammt schwierig, vor einem Teich zu stehen und nicht daran zu denken, dass der Ball im Wasser landen könnte. Wenn dieser Gedanke sich aber im Hirn festsetzt, dann schickt das Hirn diese Visualisierung an die Muskeln. Die Visualisierung zeigt, wie der Golfball ins Wasser fliegt und das Wasser dabei aufspritzt. Die Muskeln speichern nun diese Botschaft.

Man muss also vor dem Teich stehen und sich zur Vorstellung zwingen, dass der Ball in wunderbarer Flugbahn weit übers Wasser zischt und auf dem trockenen Gras dahinter landet. Manche nennen diesen Mechanismus auch positives Denken. Auf dem Golfplatz, wo überall Gefahren lauern, ist positives Denken das Vermeiden des negativen Denkens.

Um die positive Visualisierung zu erreichen, macht man oft einen Probeschwung. Bloß wissen die meisten Golfer nicht, wie ein richtiger Probeschwung geht.

Ein gedankenloser Probeschwung, der nur die Muskeln lockert, macht keinen Sinn. Er ist völlig nutzlos. Er löst keine Visualisierung aus.

Der richtige Probeschwung hingegen berücksichtigt die Erkenntnisse der neuromuskulären Forschung. Nach dem Durchschwung ist zwingend, dass der Golfer nach vorne blickt und sich konkret vorstellt, wie sein Ball weit, hoch und geradeaus über das Fairway oder den Teich fliegt. Dann sendet das Gehirn diese Visualisierung an die Muskeln weiter. Dann sagen die Muskeln: Okay, machen wir.

Achten Sie einmal beim Fernsehen darauf, wie viele Golfprofis agieren. Wenn die einen Probeschwung machen, schauen sie danach dem nicht gespielten Ball konzentriert nach. Sie prägen in ihr Hirn ein, wie der nicht gespielte Ball in die Luft steigt, wie er durch die Luft segelt und wie der nichtgespielte Ball dann, knapp neben der Fahne, auf das Green niederfällt. Dann machen die Profis den echten Schwung – und siehe da ...

Zugegeben, bei den Profis und auch bei uns Normalgolfern, klappt es trotzdem dann nicht immer. Das fällt dann unter Künstlerpech.

Kennen Sie den schon?

Wissenschaftlich betrachtet lachen Golfer primär über sechs Themen. Sechs blöde Witze dazu.

Die Frage hat etwas Philosophisches. Worüber lachen Golfer?

Bevor wir zur wissenschaftlichen Analyse der Frage kommen, klammern wir die zehn Prozent der Golfer aus, die nie lachen.

Jeder von uns kennt einen dieser Grimmig-Golfer. Wenn ihnen ein Schlag missrät, dann fluchen sie und hauen mit dem Schläger auf den Boden. Selbst wenn ihnen ein glänzender Schlag gelingt, schauen sie drein, als ob sie gerade einen Schuldschein unterschrieben hätten.

Konzentrieren wir uns also auf die neunzig Prozent der Golfer, die lieber lachen. Worüber lachen sie?

Sie lachen über sechs Themenblöcke. Das ergab meine Analyse der weltweiten Golfwitze und meine Analyse des verbreiteten Klubhaus-Humors. Golfer lachen am liebsten über Sex, über den Tod, über das Eheleben, über Golfregeln, über Religion und Geld.

Logischerweise erwarten die neunzig Prozent der fröhlichen Golfer nun sechs blöde Beispiele aus den sechs Themen. Diese Erwartung kann nicht enttäuscht werden.

Sex

Eine nackte Frau rennt über den Golfplatz. Hinter ihr rennen vier Golfer. Einer der vier Männer trägt einen Zementsack mit sich. »Was ist das?«, fragt ein Golfer von nebenan. »Die nackte Frau rennt hier jeden Samstag vorbei«, wird ihm erklärt, »und der schnellste Mann bekommt sie.«

»Und warum trägt einer einen Zementsack mit sich?« »Der gewann letzte Woche – das ist sein neues Handicap.«

Tod

Ein älterer Golfer geht in die Kirche und betet: »Lieber Gott, ich möchte auch im Himmel Golf spielen.« Nun hört er eine Stimme: »Ich höre dein Gebet und ich habe dazu eine gute und eine schlechte Nachricht.« »Bitte zuerst die gute Nachricht«, sagt der Golfer. »Wir haben im Himmel über 700 Golfplätze«, sagt die Stimme. »Wunderbar«, sagt der Golfer, »und was ist die schlechte Nachricht?«

»Dein erster Abschlag ist morgen um 10.15 Uhr.«

Eheleben

Die Frau kommt vom Golfplatz nach Hause. »Liebling«, sagt sie, »der Pro hat zu mir gesagt, ich hätte Beine wie eine Zwanzigjährige.« Er brummt. »Dann hat er zu mir gesagt, ich hätte Brüste wie eine Dreißigjährige.« Er knurrt. »Und über deinen vierzigjährigen Arsch hat er nichts gesagt?«

»Nein Liebling, kein Wort über dich.«

Golfregeln

Zwei Golfer sind auf dem Grün am Putten. Da kommt ein Ball geflogen, rollt aufs Grün und bleibt liegen. Sie machen sich einen Scherz und schubsen den Ball ins Loch. Nun kommt der nachfolgende Golfer daher. »Wo ist mein Ball?«, fragt er. »Er rollte direkt ins Loch«, sagen die zwei anderen.

»Super«, schreit der, »ich spiele eine Zehn.«

Religion

Moses, Jesus und Gottvater spielen Golf. Moses haut den Ball ins Wasser. Das Wasser teilt sich, und Moses chippt den Ball locker an die Fahne.

Nun ist Jesus dran. Er haut seinen Ball ebenfalls ins Wasser. Er schreitet über das Wasser und chippt den Ball locker an die Fahne.

Jetzt ist Gottvater dran. Er haut den Ball ebenfalls ins Wasser. Ein Fisch schnappt den Ball. Ein Reiher krallt sich den Fisch und fliegt davon. Über der Fahne trifft ein Blitz den Reiher, er lässt den Fisch mit dem Ball fallen, und der Ball rollt direkt ins Loch.

»Wenn du schon Golf spielst«, sagt nun Jesus zu seinem Vater, »dann spiele bitte fair.«

Geld

Archäologen graben eine uralte Stadt der Mayas aus. Neben der Stadt finden sie einen Golfplatz, der vor Jahrhunderten verlassen wurde. Die Archäologen fragen den Dorfältesten, ob es eine Überlieferung gebe, warum der Golfplatz vor so langer Zeit von den Mayas aufgegeben wurde.

»Ja«, sagt der Dorfälteste, »sie konnten sich die Green-Fees nicht mehr leisten.«

Ich habe während meiner Recherche zum Lachverhalten der Golfer auch die vergleichbare Witzdichte von anderen Ballsportarten untersucht. Das Resultat war enttäuschend. Es gibt keine Kugelstoßwitze, keine Eishockeywitze und keine Federballwitze.

Kugelstoßer, Eishockey- und Federballspieler nehmen ihrem Sport offenbar ernst.

Über keine andere Sportart gibt es so viele Witze wie über Golf. Wir Golfer nehmen unseren Sport offenbar nicht allzu ernst. Wir können gar nicht anders. Wenn wir diesen Sport ernst nehmen würden, dann hätten wir alle schon lange ein Magengeschwür.

Geschlossene Gesellschaft

Manche Golfer verbringen Tag und Nacht auf dem Golfplatz und im Klubhaus. Sie treffen andere, die dasselbe tun.

Arno lebt auf unserem Golfplatz. Wenn das Klubhaus morgens um acht Uhr öffnet, kommt Arno angefahren. Dann frühstückt er, spielt 18 Loch, isst etwas zu Mittag, bleibt sitzen, spielt nochmals 18 Loch, isst etwas zu Abend und bleibt sitzen.

Manchmal lässt er die 18 Loch am Nachmittag auch sausen und bleibt gleich sitzen.

Am nächsten Morgen um acht fährt er pünktlich wieder an. Er fährt, kein Witz, einen Golf.

Arno ist Junggeselle. Sie sagen, er sei es aus tiefster Überzeugung. Seine Zuneigung gehört nur dem Golfsport, dem Klubhaus und dem Klub.

Er spielt bei allen unseren Turnieren mit. Er ist Captain unseres Seniorenteams. Er engagiert sich in der Nachwuchsarbeit. Er fehlt bei keiner Versammlung, bei keinem Ausflug und bei keiner Grillparty. Von den 507 Mitgliedern unseres Golfklubs kennt Arno deren 507 mit Vor- und Nachnamen.

Ich kenne vielleicht einhundert davon.

Jeder Klub, egal ob Yachtklub, Debattierklub oder Golfklub, besteht aus zwei Faktoren. Zum Ersten stellt er die Infrastruktur zur Verfügung, damit seine Mitglieder eine bestimmte Tätigkeit ausüben können. Die Tätigkeit kann eine körperliche oder eine geistige Aktivität sein. Zum zweiten pflegt jeder Klub die Geselligkeit. Seine Mitglieder stehen miteinander in Kontakt und tauschen sich aus.

Klubleben nennt man das. Nun ist Arno sicher der intensivste Nutzer unseres geselligen Angebots. Sein Leben ist das Klubleben. Aber er ist längst nicht der Einzige. Wir haben eine ganze Menge von Mitgliedern, die das Klubleben äußerst intensiv leben. Manche fahren nach der Arbeit auf den Platz, setzen sich ins Klubhaus und tratschen stundenlang mit anderen Anwesenden. Die Schläger rühren sie nicht an.

Ich wundere mich manchmal ein bisschen. Mir würde es nie einfallen, auf einen Golfplatz zu fahren, ohne dort Golf zu spielen. Vielleicht fehlt es mir an kommunikativer Kompetenz.

Nun gehört es aber zweifellos zu den schönsten Facetten eines Golfklubs, dass man ihn in sportlicher oder sozialer Hinsicht nutzen kann. Man kann schlagen oder schwatzen, driven oder debattieren, putten oder palavern. Jeder hat die Wahl.

Der Durchschnitt liegt bei dreißig Prozent. Etwa dreißig Prozent der Golfklub-Mitglieder spielen nie Golf. Sie zahlen ihre Mitgliedsgebühr also nicht für Golf, sondern für Geselligkeit. Für sie ist der Golfklub kein Golfklub, sondern ein Debattierklub.

Die Debattierklubs entstanden in England. Ihre Blüte hatten sie im 18. Jahrhundert. Sie hießen *The Westminster Forum*, *The Athenian Society* und *The Carlisle House*. Ihre Mitglieder saßen und debattierten stundenlang in ihren Klublokalen. Es blieb ihnen, mangels Fairways, nichts anderes übrig.

Das ist der Unterschied zu Golf. Bei Golf kann man wählen. Man kann wählen, ob man sitzen bleibt oder ob man kurz austritt und neun oder achtzehn Loch spielt. Auch wenn man erst in der Dämmerung ins Klublokal zurückkehrt, gibt es keine Angst vor Einsamkeit. Ein paar sitzen sicher noch dort und debattieren. Todsicher.

Der Raum in unserer Seele

Ein Golfer braucht 5.000 Quadratmeter Fläche pro Tag. Er braucht sie für sein seelisches Raumgefühl.

Zugegeben, niemand sonst braucht mehr Raum als wir.

Ein normaler 18-Loch-Golfplatz erstreckt sich über etwa siebzig Hektar. Unsere grüne Spielfläche ist damit gleich groß wie 100 Fußballfelder oder 3.500 Tennisplätze.

Auf einem Golfplatz können gleichzeitig rund 140 Golfer spielen. Einen Fußballplatz teilen sich 22. Auf einem Tennisplatz spielen in der Regel zwei.

So können wir nun den durchschnittlichen Platzbedarf eines einzelnen Spielers auf seinem jeweiligen Spielfeld berechnen. Der Tennisspieler beansprucht ganze 100 Quadratmeter Fläche für sich. Der Fußballspieler beansprucht etwa 330 Quadratmeter Fläche für sich. Der Golfer beansprucht 5.000 Quadratmeter für sich.

Die einzigen anderen Sportler übrigens, die pro Person gleich viel Platz wie wir Golfer brauchen, sind die Polospieler. Aber der Vergleich hinkt, denn die nehmen ihre Pferde flächendeckend zu Hilfe.

Damit verlassen wir den Fachbereich der angewandten Geometrie und wechseln ins Feld der angewandten Psychologie. Es ist wenig verwunderlich, dass ein hoher Raumbedarf und eine hohe Flächennutzung den individuellen Charakter prägen. Ob wir mit Blick auf Meer oder See leben oder in einem Kellerzimmer im Bahnhofsviertel, macht einen ziemlichen Unterschied. Es macht einen Unterschied im Kopf. Der äußere Ausblick ist immer auch der innere Weitblick.

Wir könnten uns nun über die Tischtennisspieler lustig machen. Niemand unter den Bewegungssportlern ist beschränkter. Die brauchen gerade einmal zwei Quadratmeter pro Kopf.

Wir Golfer gelten mitunter als etwas arrogant. Ich glaube nicht, dass wir arrogant sind. Ich glaube, wir haben einfach eine nicht allzu kleinkarierte Mentalität. Wir sind wie unser Spielfeld. Wir sind eher großzügig, denken eher großräumig, sind eher weltoffen und nicht an Grenzpfählen interessiert.

Golf ist ein Sport, der in die Ferne geht. Wir sind es darum gewohnt, mehr in die Ferne als auf die naheliegenden Details zu blicken. Es gibt wenig Erbsenzähler in der Golfgemeinde. Manchmal, eingestanden, sind wir dadurch auch etwas leichtfertig und oberflächlich.

Ich kenne einige Golfer mit einem schönen Haus mit Blick auf Meer oder See. Es sind nicht unbedingt reiche Leute. Sie haben einfach eine andere Präferenz. Die Priorität des Weitblicks und des Raumgefühls steht weit oben in ihrer Werteskala. Ihre Seele braucht Raum.

Ich kenne keinen Golfer, der in einer beengten Ein- oder Zweizimmerwohnung lebt. Es passt nicht zusammen. Du kannst nicht draußen auf dem Platz 5.000 Quadratmeter für dich beanspruchen und dann drinnen auf 50 Quadratmetern hausen.

Wenn ein Golfer auf 50 Quadratmetern haust, dann ist es nur noch eine Frage der Zeit. Irgendwann beginnt er, Tischtennis zu spielen.

Der Schrei des Wasserschweins

Es gibt Wissenschaftler, die Tiergeräusche erforschen.
Ihnen wäre der Golfplatz sehr zu empfehlen.

Das Museum für Naturkunde der Humboldt-Universität in Berlin ist berühmt für seine einzigartige Sammlung. Es ist eine der größten Sammlungen von Tierstimmen weltweit.

Das Tierstimmenarchiv der Universität umfasst 120.000 Tonaufnahmen. Gespeichert sind praktisch alle Viecher, die auf dieser Welt leben und irgendwelche Töne von sich geben. Die Liste der Laute reicht von A wie Afrikanischer Elefant bis zu Z wie Zweihöckriges Kamel.

Die Tiere tönen äußerst unterschiedlich. Manche machen »neeeeeh«, andere machen »bääääh«, wieder andere machen »scheiiiih«.

Jeder Golfer weiß natürlich längst, worauf ich hinauswill. Der Golfplatz ist eine der größten Sammlungen von Tierstimmen weltweit. Man hört andauernd, wie die Golfer Laut geben. Man hört ununterbrochen die Geräusche der eigenen Mitspieler, genauso wie die Töne, die von benachbarten Spielbahnen herüberdringen.

Amüsant daran ist, dass der Golfer meist nur seine Misserfolge akustisch begleitet. Wenn der Golfer einen Slice produziert, dann tönt es »neeeeeh«. Wenn der Golfer in den Boden hackt, dann macht er »bääääh«. Wenn der Golfer den Ball ins Gebüsch haut, dann ruft er »scheiiiih«.

Im Erfolgsfall hingegen hört man interessanterweise nichts. Wenn dem Golfer ausnahmsweise ein prächtiger Drive gelingt, hört man kaum je ein »jaaaah«. Wenn ausnahmsweise ein toller Chip an die Fahne rollt, hört man kaum je ein »wouuuuh«.

Manche Golfer freuen sich gar nicht richtig nach einem schönen Schlag. Sie lachen kein bisschen. Sie tun so, als ob dies normal wäre.

Ich glaube, der Grund liegt darin, dass auf dem Golfplatz der Erfolgsfall der Ausnahmefall ist. Jeder Golfer allerdings wünscht sich, dass der Erfolgsfall der Normalfall ist. Darum kommentiert er lautstark den scheinbaren Ausnahmefall, also den Misserfolgsfall. Den scheinbaren Normalfall, also den Erfolgsfall, lässt er hingegen unkommentiert. Ist ja normal.

Keiner jubelt laut über einen gelungenen Schlag, weil er damit zugeben würde, dass der gelungene Schlag die Ausnahme und nicht die Regel ist. Jeder aber bejammert laut einen misslungenen Schlag, weil er dadurch signalisiert, dass der misslungene Schlag die Ausnahme von der Regel ist.

Manchmal, wenn ich an einem verregneten Sonntagnachmittag zu Hause bleibe, setze ich mich mit meinem Tablet auf die Couch. Dann gehe ich auf die Website des Tierstimmenarchivs in Berlin.

Ich höre den Schreien des Grünspechts, des Wasserschweins und des Sandhuhns zu.

Dann fühle ich mich wie auf dem Golfplatz.

Revolverhelden aus Wildwest

Die Golfpolizisten heißen Marshalls und Rangers. Manche schießen scharf, manche haben nur Platzpatronen.

Der größte Tag von Marshall »Wild Bill« Hickok war der 5. Oktober 1871. Hickok ist Marshall von Abilene, Kansas. Bei einem Feuergefecht auf offener Straße erwischt er den Pokerspieler Phil Coe. Der Marshall erschießt ihn, nachdem Coe gesetzeswidrig als erster gezogen hat.

Hickok wird später verewigt im Film »Der Held der Prärie«.

Der größte Tag von Marshall Klaus Steiner war vor einigen Wochen. Steiner ist Marshall in München, Bayern. Bei einem Golfspiel auf offenem Green erwischt er mich am fünften Loch. Der Marshall schießt scharf, weil ich mein Golfshirt gesetzeswidrig über der Hose statt in der Hose trage.

Steiner wird vermutlich bald verewigt im Film »Der Held des Greens«.

Auf manchen Golfplätzen heißen sie Marshall. Sie sind die Ordnungshüter zwischen Abschlag und Loch. Auf anderen Golfplätzen heißen sie Ranger.

Bei den Marshalls fiel mir »Wild Bill« Hickok ein. Bei den Rangers fällt mir »Bigfoot« Wallace ein. »Bigfoot« Wallace war um 1850 der berühmteste Texas Ranger in Wildwest. Gegenüber den Komantschen und anderen Rothäuten kannte er keine Gnade. Wehe, sie wären ihm auf dem Golfplatz begegnet und er hätte sie für einen Indianer gehalten.

Die Marshalls und die Ranger sind unsere Platzpolizisten. Sie sind auf ihren Golfcarts, eine Art Streifenwagen, auf dem Platz unterwegs und haben vor allem zwei Aufgaben: Sie müssen für einen zügigen Spielfluss sorgen, und sie müssen darauf achten, dass die Etikette und die Regeln eingehalten werden. Es gibt zwei Typen von Platzpolizisten.

Es gibt die Scharfschützen. Sie schießen zum Beispiel sofort, wenn ein Golfer das Golfshirt gesetzeswidrig über der Hose statt in der Hose trägt. Sie bellen laut, wenn ein Golfer den Bunker nicht ganz sauber ausgerecht hat. Sie treiben zwei junge Golferinnen erbarmungslos über den Platz, obwohl sie genau sehen, dass es sich um Anfängerinnen handelt. Wenn der Ball eines Spielers im Gebüsch landet, merken sie sich die Stelle und schnappen sich den Ball später für sich selbst.

Die Scharfschützen fühlen sich wie in Wildwest. Es geht für sie um Leben und Tod.

Dann gibt es die Freunde und Helfer. Sie sagen lachend, dass man mit Sicherheit kein Heimgärtner sei, weil man sonst viel besser mit dem Rechen umgehen könnte. Sie fragen bei heißem Wetter, ob sie bei der nächsten Passage eine Flasche Wasser mitbringen sollten. Sie sagen den zwei jungen Golferinnen, dass es etwas schneller gehe, wenn sie ihre Golfbags jeweils hinter dem Green statt davor hinstellen würden. Wenn der Ball eines Spielers im Gebüsch landet, helfen sie bei der Suche mit.

Die Freunde und Helfer fühlen sich nicht wie in Wildwest. Es geht es für sie ums Vergnügen.

Der Unterschied zwischen den Revolverhelden und den Freunden liegt in ihrer Sichtweise auf den Golfsport. Golf ist ein Feld der Toleranz. Es geht nur mit Toleranz. Wenn man Spaß haben will, muss man tolerant sein gegenüber den Umständen, gegenüber den Mitspielern und gegenüber sich selbst. Ein Golfplatz ist kein Gerichtssaal.

Als ich kürzlich wieder einmal mit meinem Golfshirt über der Golfhose spielte, fuhr am zweiten Loch der Marshall auf mich zu. »Ich muss Ihnen sagen«, sagte er, »dass Sie bei uns Ihr Hemd in der Hose tragen müssen. Aber ich halte das für eine derart bekloppte Regel, dass ich gar nichts sage.«

»Danke«, sagte ich.

»Schönes Spiel«, sagte er.

Echte Golfer bleiben treu

Die Scheidungsrate von Golfern liegt unter dem Durchschnitt. Wir sind in jeder Beziehung hart im Nehmen.

Bei einem fröhlichen Abendessen diskutierten wir über die Trennungsrate in unserem Freundes- und Bekanntenkreis.

Markus und Babsi – getrennt. Willy und Chantal – zusammen. Elisabeth und Markus – zusammen. Kaspar und Jacqueline – getrennt. Heinz und Susanne – keine Ahnung. Thomas und Barbara – zusammen. Brigitte und Gebi – geschieden. Albert und Franziska – zusammen. Franco und Beatrice – in Scheidung.

Und so weiter. Die Liste wurde ziemlich lang.

Dann werteten wir die Liste statistisch aus. Wir konzentrierten uns auf die geschiedenen und getrennten Paare. Das Resultat war eindeutig: 65 Prozent der getrennten Paare waren Nichtgolfer. Nur 35 Prozent der getrennten Paare waren Golfer.

Die Trennungsrate unter Golfern ist demnach deutlich niedriger als bei Nichtgolfern. Die Statistik sagt: Echte Golfer bleiben treu.

Unsere Studie ist wissenschaftlich korrekt, denn die Zahl der Golfer-Paare und der Nichtgolfer-Paare in unserem Vergleich war ausgeglichen. Golfer bleiben treu.

Ich habe dann versucht, die Statistik mit weiterem Zahlenmaterial zu erharten. Ich fand nur heraus, dass die Scheidungsrate bei Tänzerinnen und Barkeepern sehr hoch, bei Agraringenieuren und Therapeutinnen hingegen sehr niedrig liegt. Über Golfer gibt es kein weiteres Material. Meine Statistik ist also die einzige weltweit und damit die einzig gültige.

Damit kommen wir zur Interpretation. Golf ist ein sehr zeitintensiver Sport. Mit allem Drumherum, inklusive Fahrt, Drinks und warmem Essen, dauert eine Runde acht Stunden. Nun spielen Golfer meist am Wochenende, manchmal samstags und sonntags. Es ist dem Eheleben sicher nicht sehr förderlich, wenn 50 Prozent des Ehepaars sich auf dem Golfplatz amüsieren, und die andern 50

Prozent derweil auf der Wartebank sitzen. Es ist kein Wunder, wenn die dann auf andere Gedanken kommen.

Dazu der passende Golferwitz: Eine Freundin fragt ihre beste Freundin: »Sag, redest du mit deinem Mann, wenn du Sex hast?« »Nein, auf dem Golfplatz schaltet er sein Handy aus.«

Das heißt nun noch lange nicht, dass man stets mit dem Ehepartner spielt. Aber der Partner muss es können. Entscheidend ist nicht, dass man miteinander spielt, entscheidend ist, dass man miteinander spielen kann, wenn man will. Vielleicht golfe ich am Freitagnachmittag lieber mit meinen Kollegen, sie golft lieber mit ihren Freundinnen, und hinterher trifft man sich im Klubhaus wieder.

Die wichtigste Ursache für die partnerschaftliche Wirkung des Golfsports ist, so glaube ich, jedoch eine andere. Golf ist das beste Trainingslager des Zusammenlebens.

Ich erkläre das gern am eigenen Beispiel. Ich spiele also mit meiner Gattin. Sie bleibt zu kurz. »Kein Wunder, bei deinem viel zu steilen Schwung«, sage ich voller Kenntnis. Ihre Augen funkeln gefährlich.

Dann dresche ich den Drive in den Wald. »Kein Wunder, bei deinem viel zu schnellen Schwung«, sagt sie frei von Kenntnis. Ich überhöre die unqualifizierte Bemerkung.

Wer solche Stresssituationen überlebt, der bleibt zusammen. Eine Golfpartie in der ehelichen Paarformation ist der ultimative Härtetest. Wer diesen Härtetest besteht, der taucht nicht in der Scheidungsstatistik auf.

Nachbehandlung des Patienten

Auch eine Stunde nach der Runde räsoniert der Golfer noch über seine Runde. Das ist seine Therapie.

Die drei Herren am Nebentisch waren schon seit über einer Stunde von ihrer Golfrunde zurück. Man sah es daran, dass sie das Essen längst hinter sich gebracht hatten und nun bei Zigarren und Weinbrand auf der Terrasse des Klubhauses saßen.

»Wenn ich am fünfzehnten Loch nicht unter den Büschen gelegen hätte«, sagte der erste, »dann hätte ich direkt das Green angreifen können. Ohne dieses Pech wäre ich nochmal richtig gefährlich geworden.«

»Gut«, sagte der zweite, »aber du vergisst, dass ich am Loch zuvor das falsche Holz nahm und der Ball darum ins hohe Gras flog. Auch das war reines Pech, und das hat mich mindestens zwei Schläge gekostet.«

Nun war der dritte dran, offenbar der Sieger des Trios. »Mag alles sein, aber könnt ihr euch nicht mehr erinnern, wie auf der Zwölf mein Drive fünf Zentimeter ins Aus sprang? Ohne dieses Pech hätte ich – aber bitte sehr.«

Es gehört zu den skurrilsten Eigenheiten vieler Golfer, dass sie auch eine Stunde nach der Runde ausgiebig ihre Runde debattieren. Sie rollen detailliert auf, warum sie den Abschlag verzogen, warum der Putt nicht fiel, weshalb sie den falschen Schläger wählten und wie dieser unglückliche Bunkerschlag zustande kam. Äußerst häufige Vokabeln in der Nachanalyse sind die Wörter »hätte«, »wäre« und »würde«.

Ich kenne keine andere Sportart mit einer vergleichbaren Aufbereitung historischer Tatsachen. Ich kenne zum Beispiel keinen Kegler, der eine Stunde nach dem Spiel im Restaurant zu seinem Partner sagt: »Wenn ich in meinem 87. Wurf den Kranz nicht verpasst hätte, dann wäre ich …« Nein, die zwei Kegler reden über Politik und über Bekannte, und worüber man halt sonst noch redet.

Die Golfer reden eine Stunde nach der Runde immer noch von ihrer Runde.

Interessanterweise aber reden sie nur über das Pech, das Unglück und das Malheur auf der Runde. Sie reden davon, wie ihre achtzehn Loch eine Serie von Schicksalsschlägen waren, die ihnen unverdient widerfahren sind. Hätte doch der Schlag, wäre doch das Eisen, würde doch das Wasserhindernis.

Interessanterweise redet keiner davon, wie häufig sie auch Schwein gehabt hatten auf der Runde. Keiner sagt: »Kollegen, könnt ihr euch erinnern, wie ich auf der Sechs die Mauer traf, der Ball dann an den Baum prallte und von dort direkt neben die Fahne rollte.« Daran erinnert sich keiner, denn so etwas ist normal.

Ich vermute, die Eigenheit der Nachanalyse hat eine therapeutische Funktion. Wenn man nach der Runde realisiert, wie vieles eigentlich hätte besser laufen können, ist die Vergangenheit schmerzlos bewältigt. Die Zukunft kann beginnen.

Wenn der Golfer nach dieser Selbsttherapie dann nächsten Tags am ersten Abschlag steht, dann weiß der Golfer: Heute kann eigentlich nichts schiefgehen. Mehr oder weniger.

Otto Normalgolfer

Golf ist der Sport, bei dem wir immer eine Chance haben. Alles ist möglich, ganz besonders das Unmögliche.

»Kannst du dir vorstellen«, fragte ich nach der Runde meinen Golfkumpan Otto, »kannst du dir vorstellen, dass du die hundert Meter unter zehn Sekunden rennen kannst?« »Niemals«, sagte Otto.

»Kannst du dir vorstellen«, fragte ich Otto weiter, »kannst du dir vorstellen, dass du 200 Kilogramm in die Luft stemmen kannst?« »Niemals«, sagte Otto, »aber warum fragst du?«

Ich fragte, weil ich mich an eine Szene von kurz zuvor erinnerte. Otto hatte den Ball nach links verzogen, und der Ball lag tief im Gehölz. Es war ein Wald mit einer äußerst dichten Blätterdecke, undurchdringlich, wie mir schien. Nur zwanzig Meter weiter vorn gab es eine etwa fußballgroße Lücke, durch die man den blauen Himmel sah.

»Durch diese Lücke spiele ich jetzt durch«, sagte Otto.

Er holte aus, schlug zu, man hörte es krachen, dann krachte es weiter weg ein zweites Mal. Meines Wissens wurde der Ball von den Suchtrupps bis heute nicht gefunden.

Otto – er heißt wirklich so – ist für mich ein typischer Vertreter der Spezies Otto Normalgolfer. Otto Normalgolfer traut sich alles zu. Er traut sich dauernd die kühnsten Schläge zu. Er wagt unablässig die verwegensten Manöver, die selbst einem Profi niemals einfallen würden. Otto Normalgolfer versucht stets das Unmögliche.

Natürlich misslingt das Unmögliche. Als Lehre daraus folgt der nächste Versuch des Unmöglichen.

Seien wir ehrlich: Wir alle sind Otto Normalgolfer.

Wir haben es ja alle hundertfach erlebt. Der Ball liegt beispielsweise am Rande des Wassers. Man könnte ihn seitwärts droppen, einen Schlag verlieren und locker weiterspielen. Doch was tut Otto Normalgolfer? Er versucht den absoluten Wunderschlag, der Schlamm spritzt auf, natürlich verschwindet der Ball für immer, und die Hose ist ruiniert.

Oder der Ball liegt hinter einem Baum. Man könnte ihn auf das Fairway zurückrollen, einen Schlag verlieren und locker weiterspielen. Aber was tut Otto Normalgolfer? Er versucht, den Ball mit dem absoluten Wunderschlag um den Baum herum zu drehen, natürlich prallt die Kugel direkt an den Stamm und fliegt zurück in einen Graben.

Wir versuchen immer wieder den Schlag der Schläge. Immer wieder probieren wir den ultimativen Wunderschlag. Natürlich wissen wir im Kopf, dass der Schlag der Schläge kaum gelingen wird. Und genau hier liegt das Problem: Wir wissen es nur im Kopf.

Unser Gefühl hingegen sagt uns das Gegenteil: Versuch es, versuch es, lockt das Gefühl, versuch es, vielleicht gelingt es ja.

Das ist das Schöne an Golf. Golf ist der Sport der unlimitierten Möglichkeiten. Alles ist möglich, möglich ist alles. Auch das Unmögliche ist möglich. Wir Golfer glauben nicht an die Kraft des Faktischen, wir glauben an die Kraft der Illusion. Die Illusion ist der Schlag der Schläge. Vielleicht gelingt er ja.

Wir trauen uns alles zu. Auf dem Golfplatz versuchen wir dauernd, die hundert Meter in zehn Sekunden zu rennen und 200 Kilogramm in die Luft zu stemmen. Vielleicht gelingt es ja.

Wir Golfer sind keine Realisten. Wir Golfer sind die unverbesserlichen Optimisten dieser Welt.

Spiegeleier mit Speck

Kraft ist das Resultat von Masse mal Beschleunigung. Isaac Newton wusste schon, warum er nicht Golf spielte.

Wenn ich gegen meinem Kumpel Walter spiele, dann fürchte ich mich immer vor seinen letzten drei, vier Loch. Denn ich weiß, dass Walter seine letzten drei, vier Loch hervorragend spielen wird.

Walter ist ein Kraftwürfel, kurz und bullig gebaut, hat ein paar Gramm zu viel auf den Hüften, und Power wie ein Pferd. Darum haut er auch auf den Ball wie ein Ross.

Walter ist der Typus Berserker auf dem Platz. Er drischt auf den Ball, als müsste er die arme Kugel in eine Erdumlaufbahn schießen. Das gelingt ihm zwar nur im Ausnahmefall. Im Normalfall knallen seine Bälle wie Gewehrkugeln quer und längs über den Platz. Ich helfe ihm dann gern beim Suchen der Geschosse. Denn ich stoße dadurch in entfernte Winkel von Golfplätzen vor, in die sich Normalsterbliche sonst niemals verirren.

Kraft, wie wir seit Isaac Newton wissen, ist das Produkt aus Masse und Beschleunigung. $F = m * a$.

Isaac Newton war kein Golfspieler. Walter hingegen schon. Nach vierzehn, fünfzehn Loch ist er jeweils völlig ausgelaugt von seinem gnadenlosen Kampf an der Front von Masse und Beschleunigung. Er ist fix und fertig.

Und nun folgt regelmäßig eine bemerkenswerte Wende. Nun beginnt Walter, richtig gut Golf zu spielen. Weil er erschöpft ist, wird sein Schwung langsamer, sein Krafteinsatz geringer, sein Ehrgeiz kleiner. Dadurch werden seine Schläge länger und präziser. Er hat keine Dynamik mehr. Doch das Fehlen von Dynamik ist genau das richtige Rezept, um einen fließenden, ruhigen Schwung zu bekommen.

Walter und ich spielen meist Matchplay gegeneinander. Ich bin immer froh, wenn ich kurz vor Schluss noch vorne liege. Denn ich weiß, dass Walter zu einem erfolgreichen Endspurt ansetzen wird. Sein Endspurt ist darum so erfolgreich, weil ihm die Kraft für den Endspurt fehlt.

Ich bin inzwischen überzeugt, was die beste Vorbereitung für eine Golfrunde wäre. Am besten wäre, vor dem Abschlag eine Stunde lang intensiv zu joggen und dann, außer Atem, am ersten Tee anzukommen und entkräftet zum ersten Drive auszuholen. Der Schlag und auch alle nachfolgenden Schläge müssten wunderbar und kraftlos gelingen.

Doch was tun wir stattdessen? Wir sitzen vor dem Abschlag im Klubhaus und futtern zwei Spiegeleier mit Speck. Denn das gibt Kraft.

Die Kunst des Möglichen

Vielleicht treffen wir diesmal den Ball perfekt und er fliegt 300 Meter weit aufs Grün. Es könnte ja sein.

Mit Leo war es stets etwas anstrengend. Denn Leo ist ein Golf-Geometer. Ein Geometer, wie man weiß, ist ein Spezialist der Landschaftsvermessung.

Leo stand also ungefähr 170 Meter vor der Fahne. »Wie weit ist es bis zur Fahne?«, fragte er. »Ungefähr 170 Meter«, sagte ich. »Was heißt hier ungefähr?«, fragte Leo.

Das war früher.

Nun hat sich Leo einen dieser Entfernungsmesser gekauft. Ein Luxusgerät, etwa 700 Euro teuer. Es basiert, wenn ich es richtig verstanden habe, auf einer Kombination von Laser, Infrarot und elektronischer Satellitenüberwachung.

Nun steht Leo also wieder ungefähr 170 Meter vor der Fahne. Er blickt durch sein Gerät. »Es sagt, bis zur Fahne sind es 168,7 Meter«, sagt Leo.

Weil Leo auf sicher gehen will, misst er die Entfernung dann mit seinem Handy nach, auf das er eine App zur Distanzerfassung geladen hat. Es basiert, wenn ich es richtig verstanden habe, auf einer Kombination von geostationären Daten mit den Magnometer-systemen von Airbus und der US-Marine.

»Es sagt, bis zur Fahne sind es 168,7 Meter«, sagt Leo befriedigt und lacht sein Geometerlachen.

Nachdem diese Frage geklärt ist, folgt nun der zweite, etwas anspruchsvollere Teil. »Was meinst du«, fragt Leo, »soll ich für die 168,7 Meter ein Eisen vier oder ein Holz fünf nehmen?«

»Spielt keine Rolle«, sage ich, »du triffst das Grün so oder so nicht.« Jetzt ist Leo beleidigt.

Tatsächlich gehört es zu den amüsantesten Eigenschaften der Alltagsgolfer, dass sie sich dauernd mit Distanzen beschäftigen und mit der Vorstellung, welche Schläger zu diesen Distanzen passen könnten. In den meisten Fällen ist dies eine völlig irreale Beschäftigung von Hobby-Geometern.

Ich beobachte immer wieder mit Vergnügen, welche Distanzen zwischen Vorstellung und Realität liegen. Da steht der Alltagsgolfer also auf dem Fairway, blickt hochkonzentriert Richtung Grün und holt das Eisen sechs aus der Tasche. Nach vier Probeschwüngen besinnt er sich eines Besseren. Er trottet zur Tasche zurück und zieht ein Eisen fünf hervor. Nach weiteren vier Probeschwüngen ereilt ihn die Erleuchtung. Er nimmt nun für diese Distanz doch das Eisen sechs.

Es könnte ja sein.

Dann holt er aus, schlägt zu, der Ball holpert fünfzig Meter weit kläglich über das Gras und verschwindet im Teich.

Ähnlich putzig ist die Angewohnheit vieler Golfer, stets auf genug Distanz zu halten. Ich spiele gelegentlich mit einem älteren Herrn. Ich habe von ihm noch nie einen Schlag gesehen, der weiter als 180 Meter geflogen wäre. Und dennoch, wenn er 250 Meter vor dem Grün liegt, und sie dort noch am Putten sind, dann hält er ein.

»Warum spielst du nicht?«, frage ich. »Weißt du«, sagt er, »vielleicht treffe ich ihn diesmal richtig perfekt und er rollt bis aufs Green. Ich warte lieber. Es könnte ja sein.«

Golfer glauben innig an die Kunst des Möglichen. Es könnte ja sein.

C$_2$H$_6$O

Die Frage ist schwierig: Soll man schon vor der Golfrunde Alkohol trinken? Oder erst während der Runde?

Auf den amerikanischen Golfplätzen heißen sie Cart Girls. Manchmal nennt man sie auch Beer Chicks oder Beer Babes.

Die Girls fahren mit ihren Elektrowagen über den Platz, den eingebauten Eiskasten gut bestückt mit kühlem Bier. Die Girls sind meist ziemlich knapp bekleidet, dafür aber mit einer nicht allzu knappen Oberweite ausgestattet. Beides ist umsatzfördernd.

In den USA ist es unvorstellbar, eine Golfrunde zu spielen, ohne unterwegs ein paar Bier zu kippen. In einer fröhlichen Männerrunde gilt hier immer noch die alte Regel, wonach neun Bier auf achtzehn Löcher der Platzstandard sind.

Golf und Alkohol. Das ist ein viel diskutiertes Thema rund um Klubhaus und Grün. Drei Fragen sind dabei offen: Soll man vor der Runde trinken? Soll man während der Runde trinken? Oder soll man vor und während der Runde trinken?

Eine vierte Frage zumindest ist nicht offen: Soll man nach der Runde trinken? Das machen alle. Hier ist die Frage nur, ob es Bier, Champagner, Weißwein, Rotwein oder Whisky sein soll oder alles davon und in dieser Reihenfolge hintereinander?

Es gibt im Golf zwei Gruppen. Es gibt jene, die vor und während der Runde nur Antialkoholisches zu sich nehmen. Das ist die Gruppe der Sportkameraden. Für sie macht es einen Unterschied, ob sie mit 82 oder 84 Schlägen nach Hause kommen. Darum sind sie abstinent.

Dann gibt es die Gruppe der Spaßkameraden. Denen es ziemlich egal ist, ob sie mit 86 oder 88 Schlägen über die Runde kommen. Darum sind sie schon vor dem Abschlag und auch unterwegs leicht auf Sprit.

In Europa sind auf vielen Kursen keine Cart Girls unterwegs. Es gibt auch keine Bars an jedem zweiten Loch, wie das in Asien üblich ist. Es gibt oft nur ein paar billige Getränkeautomaten auf dem Platz, die nichts als Wasser und Cola hergeben. Der durstige Golfer muss also selbst für seine Alkoholvorräte sorgen.

Das fördert den Einfallsreichtum. Ich habe einmal mit zwei Engländern gespielt, die mit batteriebetriebenen Trolleys unterwegs waren. Die Batterien versorgten den Wagen und gleichzeitig zwei kleine Kühlschränke, in denen genau ein Sixpack Bier Platz fand. Unnötig zu sagen, dass nach neun Löchern der leere Kühlschrank dringend aufgefüllt werden musste.

Die beiden spielten gut. Ohne Bier, sagten sie, sei ihr Score deutlich schlechter. Das muss keine Schutzbehauptung sein. Viele Golfer spielen besser, wenn sie einen intus haben. Alkohol entspannt Psyche und Muskulatur, der Schwungstress baut sich dadurch ab. Und C_2H_6O, wie man weiß, heitert auf. Heiterkeit ist noch immer die beste Technik, um das Handicap nach unten zu spielen.

Auf das Risiko hin, dass mich die Anonymen Alkoholiker nun boykottieren, gestehe ich meine Zugehörigkeit zu dieser Gruppe. Das Beste vor der Runde sind für mich ein, zwei Gläser Weißwein – es sei denn, ich spiele schon morgens um neun.

Damit man mir nicht vorwerfen kann, dieser Text habe keinen praktischen Wert, verrate ich zum Schluss gerne die schönste Kombination von Golf und Alkohol, die ich kenne. Es ist die »Gentlemen' Locker Room and Bar« auf dem schottischen Golfplatz von Kilspindie. Mitten in der Herrengarderobe haben sie hier eine wunderschöne Bar aus Holz eingerichtet. Sie stammt von 1898. Die großen Whiskys der Region sind gut vertreten.

Wenn man aus dem schottischen Nieselregen in die Garderobe zurückkehrt, setzt man sich an die Garderoben-Bar. Nach einer Stunde steht man auf und geht hinüber an die Klubhaus-Bar. Dort bleibt man dann etwas länger.

Fünfzehn Jahre falsch gewürzt

Wenn wir in der Küche spielen, dann sind wir ebenso perfekt wie Paul Bocuse und seine Trüffelsuppe.

Manchmal stelle ich mir vor, ich versuchte seit fünfzehn Jahren eine richtig gute Trüffelsuppe zuzubereiten. Ich versuche es jede Woche, oft gar mehrmals die Woche.

Doch auch nach fünfzehn Jahren gelingt mir keine perfekte Trüffelsuppe. Manchmal ist sie versalzen, dann ist sie zu dünn, dann sind die Trüffel zu trocken, dann geht die Blätterteighaube nicht auf. Auch nach fünfzehn Jahren schaffe ich die Trüffelsuppe nicht.

Auch nach fünfzehn Jahren gelingt mir keine perfekte Golfrunde. Manchmal ist die Runde zu wenig konstant, dann bin ich zu unkonzentriert, dann klappt es mit den Putts nicht, dafür mit den Drives oder umgekehrt.

Nun kann man einwenden, dass eine gute Golfrunde viel komplizierter als eine gute Trüffelsuppe sei. Das ist nicht einmal so sicher. Die Trüffelsuppe ist das bekannteste Rezept von Paul Bocuse, dem Meister aus Lyon. Es braucht eine perfekt reduzierte Hühnerbouillon, dazu schwarze Trüffel aus dem Périgord und andere Zutaten wie Gänseleber und Champignons. Der kleinste Fehler kann sich rächen.

Dennoch glaube ich, dass ich nach fünfzehn Jahren Training die Trüffelsuppe ähnlich gut wie Bocuse hinbekommen würde. Und zwar regelmäßig.

Warum gelingt mir dasselbe nach fünfzehn Jahren auf dem Golfplatz nicht?

Es hat mit den Rahmenbedingungen zu tun. Konstante und stabile Rahmenbedingungen führen zu konstanten und stabilen Leistungen. Bocuse kocht standardisiert, immer in derselben Küche, auf denselben Herden, in denselben Öfen, mit denselben Kochinstrumenten und denselben Zutaten. Hier ist Leistungskonstanz kein Problem.

In unserer »Küche« hingegen geht es ganz anders zu. Manchmal rollt der Ball hinter einen Baum, mal nicht, mal steckt er im Schilfgras, mal bläst der Wind von vorn, mal nicht, mal liegen wir im Sand, mal ist es nass, mal trocken. Die Rahmenbedingungen variieren laufend, Leistungskonstanz ist unmöglich.

Ich muss dieses Prinzip auch immer meinen Fußball-Kollegen erklären, die sich gern über uns Golfer und unsere Leistungsschwankungen lustig machen. Ihr spielt in euren industriellen Arenen, sage ich dann, stets geschützt von Wind, der Rasen überall kurz geschoren und beheizt. »Baut einmal«, sage ich dann, »baut einmal ein paar Sandbunker und ein paar Wasserhindernisse in eure Fußballplätze ein – dann wollen wir mal sehen.«

Ronaldo und Messi beim Freistoß aus einem tiefen Bunker vor einem Teich. Eine reizvolle Vorstellung.

Oder anders gesagt: Ich möchte den Bocuse einmal sehen, wenn er seine Trüffelsuppe auf einem Campingkocher, an einem Sandstrand, in der Brise der Ostsee zubereiten müsste.

Für uns Golfer sind solch erschwerte Bedingungen normal. Guten Appetit.

Ich bin keine Micky Maus

Golfer haben dasselbe Problem wie der Papst und Karl Marx. Ihre Theorien funktionieren nur in Disneyland.

Papst Paul VI. verteidigte während seiner Amtszeit immer wieder die umstrittene Enzyklika »Humanae Vitae«. Er warnte stets davor, Sex nur aus Spaß zu betreiben.

Sagen wir es einmal so: Paul war in Sexfragen eher ein Theoretiker.

Karl Marx, der Verfasser von »Das Kapital«, versuchte während seines ganzen Lebens, an genügend Geld heranzukommen. Zuletzt starb er verarmt in London.

Sagen wir es einmal so: Marx war in Geldfragen eher ein Theoretiker.

Damit wären wir bei Peter. Er ist Werbetexter. Auf der Driving Range schlägt er Bälle hinaus, dass mir der Mund offen steht. Manchmal nimmt er ein Eisen sieben und drischt den Ball 150 Meter weit und das zehnmal hintereinander. Peter sagt zu Recht von sich selbst: »Ich bin der King der Driving Range.«

Und jetzt kommt das Problem: Wenn dann der King der Driving Range die Driving Range verlässt und auf den richtigen Golfplatz wechselt, dann ist er wie ausgewechselt. Im Ernstfall nimmt nun Peter auf dem ersten Abschlag den Driver, holt aus, es tönt nach Blech, und der Ball schleicht flach und kurz über die Grasnarbe nach links.

»Warum nimmst du nicht das Eisen sieben?«, frage ich. Ich hätte die Frage besser unterlassen, seitdem ist unser Verhältnis etwas zerrüttet.

Die Driving Range ist das Disneyland des Golfs. Es ist das Disneyland des schönen Scheins. Auf der Driving Range gibt keine Bäume, keine Bunker, kein hohes Gras, keine Wasserhindernisse, keinen schrägen Stand, keine Mitspieler und keine schlechte Lage des Balls. Alles ist kundenfreundlich. Alles ist realitätsfern. Alles ist Show.

Der Golfplatz hingegen ist ein Dschungel. Hier drohen gefährliche Bäume und Büsche, verborgene Gewässer, fiese Bunker, hohes Gras und schlechte Lagen. Es gibt Mitspieler, die gemeinerweise besser spielen als wir selbst. Es herrscht die nackte Realität.

Ich gehe ungern ins Disneyland der Driving Range. Ich bin keine Micky Maus.

Do it yourself

Gestern war ein wichtiges Golfturnier. Gewonnen hat ein Spieler namens Sebastian Vettel oder so.

Jeder interessierte Golfer kann sich an den 30. September 2012 erinnern. Es war der Schlusstag des Ryder Cups, den die Europäer nach einer dramatischen Aufholjagd gegen die USA gewannen. Der Deutsche Martin Kaymer versenkte den entscheidenden Putt.

Wir spielten an diesem Sonntagnachmittag eine lokale Runde. Wir waren drei alte Golfkollegen, ein vierter Spieler hatte sich zufällig unserem Flight angeschlossen. Wir spielten ziemlich schnell. Denn wir wollten den Beginn der TV-Übertragung im Klubhaus nicht verpassen.

»Warum spielt ihr so verdammt schnell?«, fragte auf einmal unser zufälliger Partner im Flight.

»Wir wollen den Ryder Cup im Fernsehen nicht verpassen«, sagten wir.

»Was ist der Ryder Cup?«, fragte er.

Damit auch Nicht-Golfer diese Situation verstehen, erkläre ich kurz. Vergleichbar wäre das ungefähr damit, wenn Bayern München an diesem Tag gegen Chelsea im Finale der Champions League steht und ein langjähriger Fußballspieler fragt dann: »Was ist das Champions-League-Finale?«

Ich glaube, Golf ist die einzige Sportart, bei der sich die Breitensportler derart wenig für die Spitzensportler ihrer Disziplin interessieren. Vielen Freizeitgolfern ist es völlig egal, was die Stars ihrer Branche treiben.

Jeder Freizeit-Fußballer ist informiert, was sich aktuell in der Champions League und der Bundesliga tut. Jeder Hobby-Autorennfahrer weiß, wie sich Sebastian Vettel in der Formel eins geschlagen hat. Jede Amateur-Skiläuferin kennt die Resultate von Lindsey Vonn.

Viele Golfer hingegen haben keine Ahnung, welche Golfprofis zuletzt die großen Turniere gewonnen haben. Wenn man es ihnen sagt, dann haben sie die Namen mancher Sieger noch nie gehört.

Ich glaube, das ist eine positive Sache. Die Entkoppelung von Massensport und Spitzensport, wie wir sie bei uns beobachten, spricht für und nicht gegen Golf.

Der Deutsche Turner-Bund zum Beispiel hat über fünf Millionen Mitglieder. Nur ein Bruchteil davon turnt regelmäßig. Der Deutsche Schützenbund hat 1,5 Millionen Mitglieder. Nur ein Bruchteil davon schießt regelmäßig. Der Deutsche Golf Verband hat knapp 700.000 Mitglieder. Der überwiegende Teil davon golft regelmäßig.

Golfer sind Aktivisten. Es gibt keinen anderen Sportverband mit derart wenigen Passivmitgliedern. Golfer golfen. Mitunter hat man zwar nur Zeit für wenige Runden, wenn man zum Beispiel gerade frischgebackener Chef der Deutschen Bank oder frischgebackener Ehemann eines Supermodels geworden ist. Aber auch das geht vorbei, beides meist schneller, als man denkt.

Weil Golfer Aktivisten sind, sind sie schlechte Zuschauer. Sie besuchen kaum große Golfturniere. Nur wenige haben einen TV-Golfkanal abonniert. Sie spielen lieber selbst.

Do it yourself ist das Motto der Golfer.

Mann gegen Mann: O'zapft is

*Eine Blasmusik spielt und wir schneiden ein Stück
Schnur ab. Eine Einführung in die Golfturniere.*

Am wildesten geht es jeweils rund ums Oktoberfest zu. Dann steigen in Bayern und genauso außerhalb Bayerns die O'zapft-Turniere. Die Turniere heißen Wiesn Gaudi Cup oder Wiesn Scramble oder Wiesn Masters.

Ich habe einmal bei einem dieser Jux-Turniere mitgespielt. Wir Männer spielten in Lederhosen, die Frauen im Dirndl. An jedem Loch gab es einen Bierausschank und eine Schnapsbude. Wer eine halbe Maß trank, konnte dadurch seinen Score um einen Schlag verbessern. Wer ein Stamperl trank, konnte dadurch seinen Score ebenfalls um einen Punkt verbessern

Alle verbesserten ihr Ergebnis hemmungslos.

In der Mitte des Golfplatzes spielte eine Blasmusik. Die Blasmusik spielte unter einem feinmaschigen Netz, das wie ein Zelt über sie gespannt war.

Das Netz schützte die Blasmusik vor den Golfern, die ihr Ergebnis mit Maß und Stamperl an jedem Loch hemmungslos verbesserten. Ihre Bälle zischten kreuz und quer durchs Gelände.

Turniere mit exotischen Regeln sind beliebt im Golfsport. Der einzige gemeinsame Nenner ist, dass mit Golfschlägern und Golfbällen gespielt wird. Alles andere ist verhandelbar.

Eine Spielform etwa, die ich witzig finde, ist die String-Competition. Jeder Spieler bekommt ein Stück Schnur. Die Schnur ist in Metern gleich lang wie sein Handicap in Zahlen. Während des Turniers darf der Spieler den Ball jederzeit verschieben. Er schneidet dazu die verschobene Distanz von seiner Schnur ab. Wenn ich zum Beispiel im Aus oder hinter einem Baum liege, opfere ich gerne etwas Schnur.

Es gibt unzählige Formen von Scherz-Turnieren. Es gibt die Flag-Competition, bei der man eine Fahne in die Erde steckt, wenn die Spielvorgabe aufgebraucht ist. Es gibt die Variation des Bingo

Bango Bongo, wo man taktisch überlegen muss, ob man lieber nah oder lieber weit von der Fahne liegt. Es gibt Dutzende von originellen Spielformen.

Das charakterisiert Golf sehr treffend. Zuerst einmal zeigt es, dass sich Golfer über ihren eigenen Sport lustig machen können. Selbstironie ist immer ein Zeichen von Charakterstärke.

Dann zeigt sich auch diese einzigartige Dualität von Golf. Golf ist manchmal Spiel und manchmal Sport. Golf ist manchmal Party und manchmal Wettkampf. Golf pendelt dauernd hin und her zwischen den zwei Polen der sozialen Unterhaltung und der sportlichen Betätigung. Manchmal ist es Spiel, manchmal ist es Sport.

Golf ist dadurch eine etwas zwielichtige Angelegenheit. Wir wissen nie ganz genau, woran wir sind. Manchmal startet eine Runde als heitere Unterhaltung und endet in einem heftigen Wettkampf. Manchmal startet eine Runde als heftiger Wettkampf und endet als heitere Unterhaltung.

Als ich damals diese Gaudi spielte und die Blasmusik dazu blies, war die Sachlage klar. Es war ein heftiger Wettkampf. Mann gegen Mann. Maß gegen Maß.

Das Leben ist ein Probeschwung

Machen Sie vor der Heirat besser ein paar Probeschwünge. Das spart Ihnen spätere Scheidungskosten.

Kürzlich habe ich wieder einmal mit Erwin gespielt. Es ist stets vergnüglich mit ihm. Denn Erwin ist der Meister des Probeschwungs.

Für Nichtgolfer muss ich zuerst kurz erklären, was ein Probeschwung ist. Beim Probeschwung holt der Golfer aus, schwingt durch und schlägt bewusst knapp am Ball vorbei. Manche Golfer machen auch vier oder fünf Probeschwünge am Ball vorbei. Dann erst hauen sie wirklich zu.

Diese Übungsanlage ist einzigartig im Sportumfeld. Es gibt keinen Fußballer, der vier- oder fünfmal mit dem Bein durch die Luft schwingt, bevor er den Freistoß tritt.

Damit wären wir wieder bei Erwin. Sein Probeschwung ist toll. Wir haben ihn mit dem Handy auf dem Platz aufgenommen. Das Video ist eine Augenweide. Erwins eleganter und schwereloser Probeschwung wäre eine Zierde für jedes Lehrvideo.

Nun ahnen Sie, was kommt: Wenn Erwin dann wirklich zuschlägt, löst sich sein eleganter und schwereloser Probeschwung in Luft auf. Im Ernstfall drischt er dann mit barbarischer Gewalt auf den armen Ball. Der fliegt natürlich sofort in die Prärie.

Fast alle Golfer haben einen tollen Probeschwung und einen mäßigen Ernstschwung. Eigentlich könnten sie die Golfbewegung perfekt. Sie können sie nur nicht mehr, wenn plötzlich eine kleine, weiße Kugel sie von unten her anblickt. Der ideale Schwung wird durch die Realität gebremst.

Damit wären wir im wirklichen Leben. Das Leben ist ein Probeschwung.

Nach der fantastischen Liebesnacht folgen zwanzig Jahre alltägliches Ehedasein. Nach dem fantastischen Anstellungsgespräch folgen zwanzig Jahre alltägliches Berufsleben. Nach dem phantastischen Hauskauf folgen zwanzig Jahre alltägliche Reparaturen.

Zumindest im Golf weiß die Wissenschaft, warum das so ist. Wir haben alle eine limitierte Menge an sogenannten Aufmerksamkeits-Ressourcen. Im Probeschwung werden diese Ressourcen nicht ausgeschöpft. Es droht von nirgendwo Gefahr, genauso wenig wie bei der ersten Liebesnacht.

Im dauerhaften Ernstfall aber kommen störende sensorische und psychologische Hindernisse hinzu. Das können auf dem Golfplatz der Wind sein, der eigene Ehrgeiz, die Temperatur, die Mitspieler, die Umgebung. Es droht von überall Gefahr. Die Aufmerksamkeits-Ressourcen werden dadurch überlastet.

Der Unterschied zwischen einer Liebesnacht und dem Ehedasein ist derselbe.

Im Fall von Erwin können wir sehen, dass der Probeschwung aber doch seine Berechtigung hat. Erwin hat zwei Kinder von zwei verschiedenen Frauen. Aber er war mit keiner der beiden je verheiratet. Nach dem Probeschwung hat er die Partie abgebrochen.

Das ganze Jahr im Stress

Golfer trainieren im Frühjahr, im Sommer, im Herbst und im Winter. Sie nehmen dafür enorme Strapazen auf sich.

Als ich im Advent den Laguna-Kurs in Thailand spielte, hatten wir 32 Grad. Die Fairways waren etwas feucht, weil die Regenzeit noch nicht ganz vorbei war. Die Regenzeit hat sich seit El Niño und Tsunami um zwei bis drei Wochen nach hinten verschoben.

Ich spielte mit Frederik und Emma aus Dänemark. Ich fragte, warum sie nach Thailand gekommen seien. »Zum Golfspielen«, sagten sie.

Damit wären wir bei einem wesentlichen Merkmal angelangt, das den Golfer vom Rest der sporttreibenden Bevölkerung unterscheidet. Der Golfer spielt das ganze Jahr über Golf. Von April bis Oktober spielt er zu Hause. Von November bis März spielt er fern der Heimat. Infrage kommen fern der Heimat die Karibik, Fernost, Südafrika, Australien und Florida, aber auch Spanien und die Türkei. Der Golfer ist nicht saisonal.

Die Nichtgolfer, also der Rest der sporttreibenden Bevölkerung, ergeben sich hingegen in ihr jahreszeitliches Schicksal. Die Alpinskifahrer fahren nur von Dezember bis März und freuen sich dann acht Monate lang, bis es wieder Dezember wird. Die Segler segeln nur von Mai bis September und freuen sich dann sieben Monate lang, bis es wieder Mai wird.

Ich kenne keinen Skifahrer, der im Sommer nach Chile oder Neuseeland reist, um dort ein paar Tage Ski zu fahren. Ich kenne auch keinen Segler, der im Winter nach Mauritius oder Bali fliegt, um dort ein paar Tage zu segeln. Die normale sporttreibende Bevölkerung ist genügsam und saisonal.

Nun gibt es Ausnahmen. Die Ausnahmen sind die Profis. Die Skiprofis trainieren auch mitten im Sommer in Südamerika. Die

Segelprofis trainieren auch mitten im Winter im Indischen Ozean. Warum tun Profis das? Sie müssen 365 Tage im Jahr intensiv bei der Sache sein, weil sie sonst aus der Übung kommen. Sie müssen dauernd an sich arbeiten. Ohne dauernde Praxis fallen die Profis hoffnungslos zurück.

Die Golfgemeinde ahnt, was nun kommt: Auch wir können nicht anders, sage ich, auch wir müssen agieren wie die Profis.

Golf ist der schwierigste Sport, den unser Schöpfer je erfunden hat. Golf ist so schwierig, dass zur erfolgreichen Ausübung dauerndes Training erforderlich ist. Dauerndes Training heißt, dass man auch im Winter die Strapazen einer Reise in die Karibik, nach Fernost, Südafrika, Australien und Florida, aber auch nach Spanien und in die Türkei auf sich nehmen muss.

Wir würden zwar auch lieber zu Hause bleiben. Aber es geht nun leider mal nicht anders. Wir müssen im Training bleiben. Wir müssen spielen. Also nehmen wir den Stress auf uns.

Zusammengefasst können wir sagen: Wir Golfer sind zwar Amateure, aber wir verhalten uns wie Profis. Wenn nicht gerade die Arbeit oder andere Widerwärtigkeiten dazwischen kommen, dann haben wir eine absolut professionelle Einstellung. Wir trainieren im Winter, im Frühling, im Sommer und Herbst. Wir trainieren auf allen Kontinenten. Wir sind enorm diszipliniert. Wir opfern uns für die Sache auf.

Eigentlich sind wir Vorbilder an Willenskraft.

Die Zerstörung einer Beziehung

Die einen stehen auf Nike oder Callaway, die anderen auf Nina oder Catherine. Man muss nur daran glauben.

Am letzten Wochenende habe ich eine Illusion zerstört. Schlimmer noch, vielleicht habe ich eine Beziehung fürs Leben zerstört.

Es war ein schöner Herbsttag, wir wollten zum Abschlag, da wurde Irene plötzlich nervös. Sie habe zu wenige Bälle dabei, sagte sie, sie müsse unbedingt noch welche nachkaufen.

»Was spielst du denn?«, fragte ich.

»Ich spiel die Solo von Titleist«, sagte sie, »die sind großartig, und ich spiele seit Jahren nichts anderes.«

»Komm, nimm ein paar von meinen Pinnacle«, schlug ich vor.

Irene schaute mich an, als ob ich ihr eine Giftpille offeriert hätte. »Pinnacle!«, schrie sie angewidert, »da kann ich ebenso gut mit einem Kieselstein spielen.«

Ich konnte dann dummerweise meinen Mund nicht halten. Ich habe ihr erzählt, dass die Bälle von Titleist und von Pinnacle identisch sind, zumindest jene im preiswerten Segment, mit denen Irene spielt. Nur die Inschrift auf der Außenhülle ist anders. Auf den einen Bällen steht »Titleist Solo«, auf den anderen steht »Pinnacle Gold«. Schale und Kern sind gleich aufgebaut. Beide Marken laufen beim Hersteller Acushnet über dieselben Fließbänder.

Ich hätte besser meinen Mund gehalten. Ich habe Irene eine Golfrunde versaut. Ich habe ihr die Liebe zu einer Marke zerstört.

Golfer sind Markenfetischisten. Die einen schwören auf Nike, die anderen auf Bridgestone. Nie würden sie die Seite wechseln. Darum sagen die Hersteller sehr ungern, dass es oftmals gar keine Unterschiede gibt. Nike etwa lässt seine Bälle beim Konkurrenten Bridgestone produzieren. Auch Callaway- und Top-Flight-Kugeln stammen aus derselben Produktion. Nur bei den teuren Bällen gibt es Unterschiede zwischen den Produkten.

Der Golfmarkt ist mit dem Uhrenmarkt vergleichbar. Es zählt nur der äußere Wert. Teure Uhren haben fast alle dasselbe Uhrwerk. Das Uhrwerk stammt auch bei unterschiedlichen Marken vom selben Hersteller, meist von Eta aus der Schweiz. Nur das Zifferblatt und das Gehäuse der Uhren sind individuell gestaltet. Dennoch machen die Kunden einen geradezu kultischen Unterschied zwischen Omega, Glashütte und IWC. Technisch betrachtet ist es – wie bei Golfbällen – dasselbe Produkt.

Golfer ticken ebenso. Die einen können nur mit Schlägern von Taylor Made, mit allen anderen Schlägern treffen sie nicht. Die anderen können nur mit Schuhen von Walter Genuin, in allen anderen Schuhen treffen sie nicht. Irene kann nur mit Bällen von Titleist, mit allen anderen Bällen trifft sie nicht.

Die Markentreue hat meist mit einem speziellen Erfolgserlebnis zu tun, mit einem früheren Volltreffer zum Beispiel. Nun bleibt man der Erfolgsmarke treu, weil man auf Wiederholung hofft.

Mit Schlägern von Taylor Made hat man zum ersten Mal zu einem Birdie getroffen. In Schuhen von Walter Genuin hat man zum ersten Mal zu einem Eagle getroffen. Mit Bällen von Titleist hat man zum ersten Mal ein Hole-in-one getroffen.

Ich halte es mit der Markentreue genauso. Auf dem Golfplatz trinke ich am liebsten Whisky von Lagavulin. Mit Lagavulin habe ich zum ersten Mal das Fenster des Klubhauses getroffen.

Ich dachte dauernd an Sexpuppen

Beate Uhse verstand vielleicht etwas von ihrem
frivolen Geschäft, aber von Golf verstand sie nichts.

Auf eine Einladung hin war ich erstmals in einer Indoor-Golfanlage. Indoor-Golf muss man sich als Mischung von Kegelbahn und Kino vorstellen. Man steht in der Halle auf einem Teppich und schlägt einen Ball auf eine Leinwand zu. Auf die Leinwand sind bekannte Plätze wie Pinehurst und Pebble Beach projiziert.

Man sieht, wie die virtuellen Bälle durch die virtuelle Landschaft fliegen. Es ist wie Nintendo, nur mit größerem Bildschirm, und man braucht bei diesem Videospiel nicht nur die Daumen.

Man haut mit einem richtigen Golfschläger auf einen richtigen Golfball, worauf der Computer die Richtung und Länge des Schlages misst und auf die artifiziellen Fairways und Greens überträgt. Man sagte mir, sie spielen im Winter sogar Turniere auf diesen Gameboy-Plätzen von Pinehurst und Pebble Beach.

Wenn Sie mich nach meiner Meinung fragen, kann ich es kurz machen. Ich musste die ganze Zeit an diese Sexpuppen aus Plastik denken, die man bei Beate Uhse kaufen kann.

Ich halte nichts von diesen Ersatzhandlungen der Freizeitgesellschaft. Quatsch ist Quatsch, und Golf ist Golf. Und Golf ist draußen. Und wenn draußen schlechtes Wetter ist, dann gibt es eben kein Golf. Dann gehe ich halt in die Sauna.

Outdoor-Sportarten zu überdachen, wirkt eher lächerlich. Ich gehe auch nicht in eine Kletterwand im Fitnesscenter, ich gehe in die Dolomiten. Und wenn in den Dolomiten schlechtes Wetter ist, dann gehe ich halt in die Sauna.

Ich war einmal in Dubai und habe mir diese künstliche Schneehalle angeschaut. In der Wüstenhitze wedeln sie hier eine 400 Meter lange Skipiste hinunter. Ich fand es ziemlich lächerlich. Besonders lächerlich fand ich, dass in der Halle eine Gruppe von lebenden Pinguinen herumwatschelte.

Es gibt viele Outdoor-Sportarten die sich in Indoor-Sportarten verwandeln lassen. Das erste Hallenbad Europas entstand bereits um 1840 in Wien. Deutschland zählt mittlerweile fünf Skihallen. In Oberhof im Thüringer Wald gibt es sogar eine Skilanglaufhalle mit einer knapp 1,8 Kilometer lange Loipe und einer konstanten Temperatur von minus vier Grad.

Es gibt viele andere Sportarten, die ebenfalls von draußen nach drinnen gewandert sind. Es gibt Radhallen, Motocrosshallen, Eishallen und Jogginghallen.

Skifahren, Schwimmen, Langlauf, Radfahren, Motocross, Eislaufen, Klettern und Joggen. Alle diese Sportarten lassen sich auch abseits der Natur betreiben.

Das spricht für Golf. Golf ist die einzige wichtige Sportart, die sich nicht domestizieren lässt. Es gibt keine Golfplätze in Hallen. Die Simulationen in diesen Indoor-Kinos sind nur Slapstick. Golf ist damit die einzige Sportart weltweit, die sich ausschließlich in der freien Natur betreiben lässt. Wir Golfer sind die letzten echten Naturburschen und Naturmädels.

Golf, das ist beruhigend, lässt sich nicht vergewaltigen.

So werden Sie Golfer – garantiert

Auf manchen Golfplätzen fragen sie nach einem Ausweis.
Egal, man muss nur wissen, wo es den Ausweis gibt.

Man kann die Menschheit grob in zwei Gruppen einteilen, in die Gruppe der Nichtgolfer und in die Gruppe der Golfer.

Die Nichtgolfer arbeiten viel, sind schlecht gelaunt und verbringen ihre knappe Freizeit einsam vor dem Fernseher. Die Golfer arbeiten nicht allzu viel, sind gut drauf und verbringen ihre üppige Freizeit gesellig auf dem Golfplatz.

Es ist darum nicht verwunderlich, dass ich oft gefragt werde, wie man dem Schicksal des Nichtgolfers entrinnen könne. Wie also wird man Golfer?

Ich sage zuerst, wie es nicht geht. Man geht nicht zum nächstgelegenen Golfplatz und sagt am Empfang: »Hallo, ich heiße Heinz Müller, und ich will Golfer werden. Was muss ich jetzt machen?« Das ist eher peinlich.

Richtig ist: Buchen Sie zwei Wochen Urlaub, eine Woche davon als Golfkurs. Nehmen Sie einen anerkannten Golfkurs, bei dem es heißt: »Platzreife garantiert«. Warum das wichtig ist, sehen wir später.

In der ersten Woche lernt man die Regeln und den Drive, den Pitch, den Chip und den Putt. Mehr zu lernen, gibt es nicht. Golf ist am Anfang nicht schwierig, das kommt erst später. Weil es also nicht viel zu lernen gibt, kann man es nach einer Woche. Man kann es noch nicht ganz richtig, aber man kann es gut genug.

Und weil man es gut genug kann, bekommt man nach einer Woche einen Ausweis, wonach man die sogenannte Platzreife erworben habe. Das ist so etwas wie ein Führerschein, nur weniger wichtig.

In der zweiten Woche des Urlaubs spielt man dann ein paar nette Plätze in der Umgebung. Danach spielt man ein Leben lang Golf in der ganzen Welt, von der Karibik bis nach Schottland, von Florida bis Italien und von Australien bis in die Türkei. Nie wird Sie jemand fragen, ob Sie es können oder gar, ob Sie einen Ausweis fürs Golfen hätten.

Nun gibt es aber drei Länder, in denen Golf polizeilich überwacht wird. Das sind Deutschland, Österreich und die Schweiz. Hier fragen sie die Golfeinsteiger, ob sie die sogenannte Platzreife hätten und einen Ausweis, der das bescheinigt. Wenn Sie vorhaben, gelegentlich in einem dieser drei Länder zu spielen, dann buchen Sie besser einen Kurs mit Platzreife-Garantie des Golfverbands.

Wenn Ihnen das alles zu kompliziert ist, dann geht es noch viel einfacher. Lernen Sie zuerst ein bisschen Golf spielen, bei einem Golflehrer, bei Kollegen oder bei Ihrer Großmutter. Dann buchen Sie bei einem Golfklub eine sogenannte Fernmitgliedschaft. Sie sind dann ein ordentliches Mitglied eines Klubs, bei dem niemand dumme Fragen stellt. Mit dem Ausweis können Sie dann überall spielen. Es gibt Hunderte von Angeboten im Internet.

Wenn Sie nicht in Deutschland, Österreich oder der Schweiz spielen wollen, dann geht es noch simpler. Kaufen Sie sich einfach ein paar Schläger und legen Sie los. Anderswo fragt keiner.

Wuchernd und blühend

Wir spielen, und rund um uns herum blühen die Blumen wunderbar. »Welche Blumen?«, fragt der Golfer.

Es war ein perfekter Sommertag. Wir spielten einen sanften Hügel hinunter, und es war eine Sicht, wie ich sie noch selten erlebt hatte. Auf beiden Seiten war unsere Spielbahn mit einem blauen Band eingefasst. Das blaue Band entstand durch eine Unmenge von Kornblumen, die in voller Blüte standen. Ich spielte mit Markus.

»Markus«, sagte ich, »sind diese blauen Kornblumen nicht großartig?«

»Welche Kornblumen?«, fragte Markus.

Ich amüsiere mich immer wieder darüber, wie sehr sich manche Golfspieler auf das Wesentliche konzentrieren. Das Wesentliche ist ihr Ball. Sie haben nur Augen und Ohren für ihren Ball. Sie sehen die blühenden Blumen ringsum nicht. Sie hören die singenden Vögel ringsum nicht. Sie interessieren sich nur für eines, für ihren Ball.

Das sehe ich anders. Ich finde, Golf ist primär ein Naturerlebnis, weniger ein Sporterlebnis. Es ist einfach schön da draußen, bei den blühenden Blumen und den singenden Vögeln.

Darum war ich kürzlich in Trelissick, Trengwainton und Trerice. Die drei Plätze liegen in Cornwall an der Südwestspitze Englands. Nie gehört, denken Sie nun, neun oder achtzehn Loch?

Trelissick, Trengwainton und Trerice sind keine Golfplätze. Es sind Gärten.

Es sind drei dieser üppigen Cornish Garden mit wucherndem Rhododendron, Hortensien, Kamelien, Baumfarn und Magnolien. Im ewigen Frühling von Cornwall schießen all die Blumen, Pflanzen und Bäume wie verrückt ins Kraut.

Wir haben das klassische G & G gemacht, Garden & Golf. Am Morgen besuchten wir eine der paar Dutzend Gartenanlagen in Cornwall. Am Nachmittag besuchten wir einen der paar Dutzend Golfplätze in Cornwall. Es geht auch umgekehrt.

Golf ist immer noch die einzige Sportart, die nur in der Natur stattfindet. Alle anderen Sportarten brauchen Wege, Straßen, Hallen oder Arenen. Weil Golf so naturnah ist, sind viele Golfer stark an Blumen, Pflanzen und Bäumen interessiert. Ein echter Golfer schaut gern in die Natur und selten auf den Ball. Ein falscher Golfer schaut gern auf den Ball und selten in die Natur.

Cornwall ist darum für echte Golfer ideal. Das Einzigartige ist, dass man vor lauter Botanik oft kaum mehr weiß, ob sich nun in einem Garten oder auf einem Golfplatz befindet. Auch die Golfplätze sind überwältigende Gartenanlagen. Es wuchert und blüht dermaßen, dass einem die Tränen kommen – auch wenn es nur die Tränen des Heuschnupfens sind.

Nochmals: Trelissick, Trengwainton und Trerice sind üppige Gärten. Sehr empfehlenswert. Als üppige Golfplätze empfehle ich Lanhydrock, Falmouth und Lostwithiel. Der blumige Unterschied ist fast nicht sichtbar.

Das Besteck im Kofferraum

Der Golfer ist allzeit bereit. Denn er muss dauernd damit rechnen, dass auf einmal die Sonne scheint.

Ich habe einen Bekannten mit einer etwas exzentrischen Vorliebe. Er trinkt nur Château Margaux. Er trinkt ausschließlich Château Margaux. Er trinkt Château Margaux beim Diner mit Gänseleber genauso wie beim Picknick mit Leberwurst.

Weil der Château Margaux nicht überall und jederzeit verfügbar ist, hat er stets eine Kiste Château Margaux im Kofferraum. Beim Picknick holt er eine Flasche heraus. Bei einer Party holt er eine Flasche heraus. Wenn es im Restaurant keinen Château Margaux gibt, holt er ebenfalls eine Flasche aus dem Kofferraum. Dann zahlt er ein Korkengeld.

Mein Bekannter ist ein gutes Vorbild für uns Golfer.

Ein echter Golfer hat immer sein Golfbesteck im Kofferraum. Denn die Welt ist bekanntlich voller Überraschungen. Unerwartet fällt ein Geschäftstermin aus. Unerwartet beginnt, die Sonne zu scheinen. Unerwartet hat man keine Lust auf Arbeit. Unerwartet ist es nachmittags um drei, und die Sonne scheint immer noch.

Das alles sind gute Gründe für eine spontane Golfrunde. Man findet fast immer einen Kollegen, dem auch aufgefallen ist, dass plötzlich die Sonne scheint, und dass er plötzlich keine Lust auf Arbeit mehr hat. Dann fährt man los. Weil man nicht immer den Heimplatz ansteuert, nützt es nichts, dass dort im Klubhaus ein Schlägerset steht. Man braucht ein ständiges Besteck im Kofferraum.

Golfer sind vorausschauende Naturen. Sie rechnen immer damit, dass auf einmal die Sonne scheint. Darum haben sie ein Schlägerset nicht nur im Klubhaus und im Kofferraum. Sie haben ein weiteres Schlägerset auch im Ferienhaus, eines im Büro und eines bei der Schwiegermutter. Bei der Schwiegermutter haben sie ein eher älteres Set.

Logischerweise haben vorausschauende Golfer ein Schlägerset auch im Zweitwagen. Und eines im Wagen der Gattin oder Freundin.

Besonders vorausschauende Naturen haben zudem einen Bag in einem Schließfach am nächsten Flughafen gelagert. Man weiß ja nie.

Vielleicht habe ich ein bisschen übertrieben, aber nur ein bisschen. Ich kenne keinen Golfer, der nicht mindestens drei vollständige Ausrüstungen hat. Noch ärger ist es bei den Golferinnen. Denn bei ihnen muss die Farbe der Golftaschen und der Golfschläger zur Farbe der Schuhe und der T-Shirts passen. Rot, blau, grün, gelb, hellrot, hellblau, hellgrün, hellgelb – es gibt viele Möglichkeiten.

Die Golfer sind meines Wissens die einzigen Freizeitathleten, die ihr Sportgerät immer dabei haben. Ich kenne zum Beispiel keinen Radfahrer, der prinzipiell sein Rad aufs Autodach schnallt. Ich kenne auch keinen Reiter, der sein Haus nie ohne Pferdetransporter verlässt. Golfer aber haben ihre Schläger im Kofferraum oder sonst wo immer dabei. Dazu scheuen sie keinen logistischen Aufwand.

Mein Bekannter, der nur Château Margaux trinkt, spielt kein Golf. Er sagt, es sei mit den Korkenziehern schon schwierig genug. Diese Golfschläger sind ihm definitiv zu kompliziert.

Aussichtslose Flucht

Es gibt Vollzeitgolfer. Wenn sie aufwachen, denken sie an Golf. Vor dem Einschlafen denken sie an Golf.

Grob eingeteilt, gibt es zwei Kategorien von Golfern. Es gibt die Vollzeitgolfer, und es gibt die Teilzeitgolfer.

Vollzeitgolfer denken, wenn sie morgens aufwachen, als Erstes an Golf. Die Teilzeitgolfer denken, wenn sie morgens aufwachen, als Erstes ans Zähneputzen.

Die zwei Gruppen unterscheiden sich deutlich beim Freizeitverhalten. Die Vollzeitgolfer fahren in die Südtürkei. Dort hat es jede Menge Golfplätze. Sonst hat es nichts. Die Vollzeitgolfer wollen auch gar nichts anderes. Sie wollen nur spielen. Vielleicht kaufen sie vor der Abreise am letzten Tag einen türkischen Türvorleger.

Andere Vollzeitgolfer fahren ins spanische Fuengirola oder ins schottische Fife. Dort hat es jede Menge Golfplätze. Sonst hat es nichts. Sie wollen nichts anderes. Sie wollen nur spielen. Vielleicht kaufen sie vor der Abreise am letzten Tag einen Keramiktopf oder einen Dudelsack.

Die Teilzeitgolfer hingegen fahren dorthin, wo es interessant ist. Sie fahren nach Apulien, schauen sich die Trulli an und hängen in den lokalen Sternerestaurants herum. Sie fahren nach Kent, schauen sich die Gartenlandschaften an und hängen in den lokalen Sternerestaurants herum. Oder sie fahren in die Provence, schauen sich die Altstädte an und hängen in den lokalen Sternerestaurants herum.

Wenn dann der Rausch ausgeschlafen ist, dann überlegen die Teilzeitgolfer, ob nun Golf zu spielen sei. Manchmal spielen sie, manchmal auch nicht.

Ich schätze, etwa dreißig Prozent der Golfer sind Vollzeitgolfer. Siebzig Prozent sind Teilzeitgolfer. Für die Tourismusindustrie sind die siebzig Prozent Teilzeitgolfer allerdings ein Problem. Sie sind unberechenbar. Manchmal spielen sie, manchmal nicht. In den Regionen, wo die Teilzeitgolfer unterwegs sind, in Apulien, Kent oder der Provence, sind die Plätze in der Regel darum leer bis halb leer.

In den Regionen, in denen die Vollzeitgolfer unterwegs sind, also in der Türkei, in Südspanien und in Schottland, sind die Plätze übervoll. Sie spielen immer. Man muss die Abschlagzeiten oft Wochen vorher reservieren.

Ich bin Teilzeitgolfer. Mit Vollzeitgolfern war ich nur einmal länger unterwegs. Es war in Spanien, und es war etwas mühsam. Wenn sie nicht Golf spielten, redeten sie über Golf. Sie redeten auch während des Essens im Klubhaus über Golf. Dann redeten sie beim Espresso über Golf. Dann gingen wir Golf spielen. Es gab in der Nähe einen Platz mit Flutlicht.

Flucht war zwecklos – es gab weit und breit kein einziges Sternerestaurant.

Die Hose für Inselgolf

Dunkle Kniestrümpfe zu Bermudashorts sind in Ordnung. Wir wollen ja kein Inseldasein fristen.

Eigentlich gibt es keinen Grund, auf eine Insel zu fahren. Auf einer Insel ist es genauso wie auf dem Festland.

Auf der Insel gibt es dieselben Hotels, Tankstellen, Kirchen und Bars wie auf dem Festland. Dennoch reisen wir dauernd auf Inseln. Man kann das nur psychologisch erklären. Eine Insel ist irgendwie losgelöst. Erst auf einer Insel ist man wirklich von zu Hause weg.

Man hat nie das Gefühl, so weit weg von zu Hause zu sein, wie auf Sylt, auf Naxos und auf Ibiza. Hamburg, Athen und Barcelona sind auf dem Festland. Sie sind nichts dagegen. Eine geografische Insel ist vermutlich eher eine seelische Insel.

Auch uns Golfer drängt es dauernd auf Inseln. Wir Golfer stehen ohnehin im Ruf, nicht allzu heimatverbunden zu sein. Wir sind ein bisschen die Vagabunden des 21. Jahrhunderts, das fahrende Volk der Gegenwart.

Ich nenne darum gern die besten drei losgelösten Destinationen.

Die beste Insel zum Golfen ist Bermuda. Das britische Überseegebiet ist ein Eiland der Eleganz, aber leider ziemlich teuer. Am besten fliegt man über London. Die neun Golfkurse vor Ort sind hochklassig, die Temperaturen frühsommerhaft ideal.

Hinweis für Herren: Auf Bermuda sind Bermudashorts obligatorisch. Wenn der Herr in Bermudashorts spielt, trägt er korrekterweise dunkle Kniestrümpfe dazu. Wenn der Herr nach der Partie zum Mittagessen schreitet, trägt der Herr weiterhin Bermudashorts und weiterhin dunkle Kniestrümpfe, darüber nun aber einen dunkelblauen Blazer und ein weißes Hemd mit Krawatte.

Die zweitbeste Insel zum Golfen ist Mauritius. Es gibt mittlerweile acht 18-Loch-Plätze. Einen witzigen, wenn auch schwierigen Platz hat Bernhard Langer vor dem Le-Tousserok-Hotel gebaut. Er liegt auf einer vorgelagerten Insel, die nur mit dem Boot zu erreichen ist. Die Überfahrt ist das einzige problemlose Wasserhindernis. Die meisten Hotels auf Mauritius sind im oberen Preissegment positioniert, die Flüge aus Europa jedoch erstaunlich billig.

Hinweis für Herren: Wenn Sie auf Mauritius in Bermudashorts spielen, tragen sie aus Hitzegründen keine dunklen Kniestrümpfe dazu.

Die drittbeste Insel zum Golfen ist Mallorca. Das erstaunt nun einige meiner früheren Leser, die mich eher für einen Snob gehalten haben. Natürlich kann Mallorca proletarisch sein, aber wir müssen ja nicht gleich am Ballermann 6 unsere Birdies feiern. Mit 20 hochklassigen Plätzen ist Golf auf Mallorca für mich weiterhin eine Oase der Kultur. Flüge gibt es ab 150 Euro, da kann man locker auch einmal für ein Wochenende oder auch nur für einen Nachmittag hin.

Hinweis für Herren: Wenn Sie auf Mallorca in Bermudashorts spielen, hält man Sie für einen Deutschen.

Der Pro

Ein Kochkurs und ein Golfkurs unterscheiden sich sehr. Nach einem Kochkurs kann man besser kochen.

Es gibt Namen, die vergisst man ein Leben lang nicht mehr. Einer dieser Namen ist Tom Kelly.

Tom Kelly war ein Golfpro zu meinen Anfängerzeiten. Er brachte mir das Golfen bei. Tom Kelly war ein verhinderter Physiker.

Den Golfschwung erklärte er mir so: »Achten Sie darauf, dass die Winkelbeschleunigung bei der Auslenkung der Masse proportional zum kinetischen Geschwindigkeitsvektor ist.« Kein Witz, so redete der.

»Haben Sie das verstanden?«, fragte er dann. Ich nickte beflissen, denn ich war ja ein Golfanfänger.

Es ist mir bis heute ein Rätsel, warum ich mit Golfpros wie Tom Kelly dennoch einigermaßen passabel Golf spielen lernte. Besser gesagt, es war mir nur so lange ein Rätsel, bis mir meine Golfkollegin Hélène von ihrem Golfpro erzählte.

Hélènes Golfpro war 76 Jahre alt. Er konnte sich kaum bewegen und saß den ganzen Tag auf einem Hocker an der Driving Range. Im Golfklub ging das Gerücht, er habe früher selbst auch Golf gespielt, aber gesehen hatte das nie einer. Er gab seine Anweisungen nur auf Englisch und nur im Sitzen.

Hélène spielt heute Handicap elf. Meistens verliere ich gegen sie.

Ich glaube, es gibt keine andere Berufsgruppe mit einer derartigen Variationsbreite wie die Golfpros. Es gibt die verhinderten Physiker. Es gibt die Hockersitzer. Dann gibt es die Psychotherapeuten. Sie sagen: »Der Schwung muss aus Ihrem Körperinneren harmonisch wachsen.« Dann gibt es die Feldwebel. Sie sagen: »Hau ihn links, hau ihn rechts, hau ihn links, hau ihn rechts.« Es gibt Dutzende von unterschiedlichen Typen.

Gemeinsam ist ihnen nur eines: Wenn wir bei einem Golfpro eine Golflektion buchen, können wir nach der Golflektion nicht mehr Golf spielen.

Es ist immer dasselbe. Der Golfpro gibt uns nur vier, fünf Hinweise. Er ändert unseren Griff, er ändert unseren Stand, er ändert unseren Rückschwung, er ändert unseren Durchschwung, er ändert unsere Psyche. Danach geht gar nichts mehr.

Das ist doch seltsam. Wenn ich einen Kochkurs besuche, koche ich hinterher mit Sicherheit besser. Wenn ich einen Golfkurs besuche, golfe ich hinterher mit Sicherheit schlechter.

Warum ist das so? Es ist einfach zu erklären. Beim Kochen ist ein versalzenes Risotto ungenießbar. Beim Golfen ist ein versalzener Schwung durchaus bekömmlich.

Das Golfspiel besteht aus den kompliziertesten Bewegungsabläufen auf Erden. Golf überfordert permanent unsere Muskelstruktur und unser Koordinationssystem. Weil es so kompliziert ist, kann es niemand perfekt. Unsere Muskelstruktur und unser Koordinationssystem entwickeln also eine angepasste Technik, mit der es uns halbwegs gelingt. Wir gehen den Weg des geringsten

Widerstands. Wir entwickeln unsere individuelle Art, den Ball halbwegs zu treffen. Unsere Schläge gelingen einigermaßen, auch wenn sie nicht nach Lehrbuch sind.

Irgendwie haben wir nun, wenn auch nur halbwegs, diesen kompliziertesten Bewegungsablauf auf Erden überlistet. Wir entwickeln Kreativität und Persönlichkeit bei unserem Schwung. Unsere Schwünge sind sehr individuell, aber bei jedem klappt es irgendwie.

Dann kommt der Pro. Er ist der Vertreter des Lehrbuchs. Er ändert darum unseren individuellen Stand und unseren individuellen Rückschwung und sagt, so wie Tom Kelly: »Achten Sie darauf, dass die Winkelbeschleunigung bei der Auslenkung der Masse proportional zum kinetischen Geschwindigkeitsvektor ist.«

Der Pro will aus uns improvisierenden Individualisten wieder Standardgolfer aus dem Lehrbuch machen. Er will aus uns kreativen Künstlern langweilige Techniker machen. Die Folgen sind bekannt.

Der Highend-Royal-Pro-Titan-Caddy

Warum braucht der Golfer einen Wagen für seine Golftasche, obwohl seine Golftasche einen Tragriemen hat?

Das Ding glitzerte schon von Weitem, als mein Golfkumpel damit angefahren kam. Er stellte das glitzernde Ding neben den ersten Abschlag und sagte: »Das ist mein neuer Royal-Supercad-Highend-Pro-XQ4-Caddy. Er ist aus Titan.«

»Und was hast du für die Karre bezahlt?«, fragte ich. »Nur 5.200 Euro«, sagte er, »es war ein Sonderangebot«.

Ich weiß auch nicht, wie es zu dieser Mode kam. Auf einmal kommen meine Golfkumpels und meine Golfkumpelinnen mit diesen sogenannten E-Caddies daher. Es sind kleine, elegante Wagen zum Transport der Golftasche. Sie sind filigran, denn sie sind aus Titan. Sie sind ultraleicht, denn der Akku ist aus Lithium. Sie sind teuer, denn der Preis ist aus Euro.

Damit sind wir bei einer wesentlichen Frage unseres Sports: Tragen oder tragen lassen?

Die Antwort ist jedem erfahrenen Golfer klar: Tragen. Eine Golftasche hat Tragriemen. Die Golftasche hat darum Tragriemen, damit man sie tragen kann.

Die Golftasche trägt man darum, so weiß jeder erfahrene Golfer, weil man dann besser Golf spielt.

Die Golfregeln besagen, dass auf einer Runde bis zu vierzehn Schläger erlaubt sind. Mehr nicht, weniger schon. Der Normalgolfer steckt darum genau vierzehn Schläger in seine Tasche. Damit wird die Tasche schwer. Weil die Tasche schwer wird, trägt der Golfer die Tasche nicht selbst, sondern braucht nun einen Royal-Supercad-Highend-Pro-XQ4-Caddy aus Titan.

Und nun beginnt das echte Problem. Weil der Golfer vierzehn Schläger in der Tasche hat, nutzt er die vierzehn Schläger. Manchmal nimmt er ein Holz vier, manchmal ein Holz fünf, manchmal ein Eisen acht, manchmal ein Eisen neun. Das ist dumm.

Es spielt keine Rolle, ob man ein Holz vier oder ein Holz fünf nimmt. Es spielt keine Rolle, ob man ein Eisen acht oder ein Eisen neun nimmt. Für Normalgolfer ist das Resultat solcher Schlägerwahl reiner Zufall. Neunzig Prozent der Golfer treffen den Ball sowieso nicht ideal. Wenn man einen Ball sowieso nicht ideal trifft, spielt es auch keine Rolle, mit welchem Schläger man den Ball nicht ideal trifft.

Stattdessen überlegen die Golfer dauernd hin und her, welchen Schläger sie nehmen sollten. Eine Acht oder eine Neun? Ein Holz vier oder ein Holz fünf? Sie überlegen hin und her und her und hin.

Damit versetzen sie sich in Stress und treffen dann meist gar nichts mehr.

Auf eine Golfrunde nimmt man am besten sieben Schläger mit, zum Beispiel einen Driver, ein Holz, ein Fünfer-, ein Siebener- und ein Neunereisen, einen Sand Wedge und einen Putter. Das genügt. Damit spielt man gut, weil man stressfrei spielt. Man muss bei keinem einzigen Schlag überlegen, welchen Schläger man wählt. Das entspannt und bringt gute Resultate.

Walter Hagen, einer der besten Golfprofis aller Zeiten, hat die Regel geprägt, wonach in Turnieren sieben Schläger durchaus genügen. In Notfällen erlaubte er acht.

Der Verzicht auf unnötiges Metall hat einen zusätzlichen Vorteil. Der Golfbag ist nun leichter. Man kann ihn tragen. Man braucht keinen Royal-Supercad-Highend-Pro-XQ4-Caddy aus Titan. Und man spielt zudem besser.

Gute Spieler erkennt man auf Golfplätzen daran, dass sie ihre Golftasche tragen. Mäßige Spieler erkennt man daran, dass sie ihre Golftasche von einem Gefährt tragen lassen.

Gute Spieler wissen, dass es nicht auf die Schläger ankommt. Sondern auf die Schläge.

Der A-Faktor

Robin Crusoe konnte kein A sein. Golfer können ein A sein. Und manche sind wirklich ein A.

Am 18. Oktober 1984 sagte der Grünenpolitiker Joschka Fischer den berühmtesten Satz seiner Karriere. Er sagte ihn im deutschen Bundestag zum CSU-Politiker Richard Stücklen. Der Satz lautete: »Mit Verlaub, Herr Präsident, Sie sind ein Arschloch.«

Das Wort »Arschloch« stammt aus dem Altgermanischen. »Arsaz« hieß das damals. Um das Jahr 1500 wurde das Wort erstmals in der Literatur verwendet.

Mit dieser politisch-literarischen Einleitung sollten wir uns kulturell genügend abgesichert haben. Das A-Wort kann man also öffentlich verwenden, ohne gleich auf dem Schafott der politischen Korrektheit zu enden.

Man muss es leider sagen: Es gibt einige A auf dem Golfplatz. Es gibt sogar mehr als genug davon.

Der häufigste Anlass ist wahrscheinlich die Ungeduld. Jeder kennt die Situation. Man ist vorne zu viert am Putten. Da kommt von hinten ein Ball angezischt und rollt bis aufs Grün.

Interessant wird es aber erst, wenn der verantwortliche Golfer nun anmarschiert kommt. Vielleicht sagt er: »Entschuldigt vielmals, aber so ein guter Schlag ist mir noch nie im Leben gelungen.« Dann lächeln wir mild.

Vielleicht sagt er aber auch: »Ich weiß gar nicht, was ihr habt. Es hat sich ja niemand verletzt.« Dann haben wir es mit dem A-Faktor zu tun.

Ich habe in dieser Situation einmal einen getroffen, der sagte doch tatsächlich: »Selbst schuld, wenn ihr Penner so langsam spielt.« Das wäre dann der AA-Faktor.

Ob man ein Arschloch ist, oder nicht, ist eine Frage des sozialen Umfelds. Wenn man ganz allein auf einer abgeschiedenen Insel wohnt, kann man kein Arschloch sein. Es gibt auf der Insel keine sozialen Regeln, gegen die man verstoßen kann.

Robinson Crusoe konnte tun und lassen, was er wollte, ohne gegen einen Kodex zu verstoßen. Er konnte kein Arschloch sein, solange er alleine auf seinem Eiland lebte. Sein A-Faktor wurde theoretisch und praktisch erst möglich, als Freitag auftauchte.

Der Golfplatz ist ein soziales Umfeld mit einem außerordentlich dichten Regelwerk. Auf dem Golfplatz ist alles geregelt, was geregelt sein kann. Geregelt sind durch Golfregeln und Etikette nicht nur alle erdenklichen Spielsituationen, sondern genauso die Kleiderordnung, die Handynutzung, die Gartenpflege sowie das Grußverhalten.

Es ist darum sehr leicht, auf dem Golfplatz gegen eine Regel zu verstoßen. Viele Golfer verstoßen auf der Runde mehrmals gegen Regeln und bemerken es nicht.

Ob man ein Arschloch ist, entscheidet sich also nicht bei Regelverletzungen oder Verstößen gegen die Etikette. Die sind oft unvermeidlich. Ob man ein Arschloch ist, entscheidet sich beim Umgang mit Regeln und Etikette.

Wer seinen Ball aus dem Blick verliert und darum laut »fore« ruft, ist keines. Wer so tut, als hätte er nichts gesehen, der ist eines.

Wer extrem langsam spielt, ist keines. Wer andere dadurch warten lässt, ist eines.

Wer gewinnt und keinen Drink ausgibt, ist keines. Wer gewinnt, und sich zu einem Drink einladen lässt, ist eines.

Eiserne Ladys

Die Entfernung des Wassers aus dem menschlichen Körper ist auf dem Golfplatz ein ungelöstes Problem.

Das folgende Kapitel können die Frauen überblättern. Denn es geht um eine rein männliche Angelegenheit.

Es geht, um es kurz zu machen, ums Pinkeln.

Vielleicht lesen unsere Leserinnen aus rein intellektuellem Interesse trotzdem weiter. Denn die Frage, so viel vorweg, ist äußerst komplex. Es ist, um es offen zu sagen, eine der letzten, wirklich ungelösten Fragen auf dem Golfplatz.

Zuerst klären wir kurz die Rahmenbedingungen. Männer trinken auf dem Golfplatz viel Bier. Bier hat eine diuretische Wirkung, die deutlich höher als jene von Wasser ist. Man muss also von Zeit zu Zeit, mitunter muss man ziemlich dringend.

Nun ist das kein großes Problem auf vielen Golfplätzen in Asien, in der Karibik und in manchen Gegenden der USA. Hier steht an jedem dritten, vierten Loch eine Bar mit der notwendigen Infrastruktur. Zusätzlich sorgen hier die hohen Temperaturen dafür, dass ein hübscher Teil des Biers verdampft, bevor die Nieren und die Blase eingreifen müssen.

In Europa, und ganz besonders in den deutschsprachigen Ländern, ist das anders. Hier gibt es eine seltsame Eigenheit. Es gibt kaum Toiletten auf dem Platz. Ich habe mich schon öfters gefragt, warum die Golfarchitekten eine derartige Aversion gegen den Bau von stillen Orten haben. Mit Begeisterung bauen sie Wasserhindernisse in die Plätze. Plätze zum Wasserlassen bauen sie nicht.

Was also tun, wenn die Blase ihr Recht einfordert?

Die Golfetikette gibt bei dieser Frage keine Antwort. Der *Royal and Ancient Golf Club* in St Andrews, der Hüter des richtigen

Benehmens auf dem Platz, legt alles andere detailliert fest. Der R&A sagt uns sogar, wann und wo das Husten oder das Reden auf dem Platz verboten oder gestattet ist. Zu unserem dringenden Problem sagen die Golf-Sittenwächter kein Wort.

Wir haben uns nach unserer letzten Runde im Freundeskreis ausgiebig und ernsthaft zum Thema unterhalten. Ich kann darum heute den Pinkel-Code für den Golfplatz bekannt geben.

Man pinkelt nicht auf dem Abschlag, im Bunker und auf dem Green. Überall sonst darf man pinkeln, aber es wird nur außer Sicht gepinkelt. Man schlägt sich in den Wald oder hinter ein Gebüsch. Und man kündet das Pinkeln nicht öffentlich an, besonders dann nicht, wenn Damen mitspielen. Mehr an Regeln braucht es nicht.

Es handelt sich tatsächlich um ein reines Männerproblem. Denn wir bewundern unsere Frauen nicht nur für ihre Schönheit, ihren Charme und ihre Klugheit. Wir bewundern sie auch für ihre Selbstkontrolle.

»Ladies have an iron bladder«, sagen bewundernd die Engländer. Frauen haben eiserne Blasen.

Bauarbeiter und Models

Eine Cargohose wird bei der Gartenarbeit oder im Gefängnis getragen. Bei einer Party passt sie nicht.

Wenn ich Golf spielen gehe, dann freue ich mich. Ich freue mich auch, wenn ich zu einer Cocktailparty gehe. Wenn ich auf einen Opernball gehe, dann freue ich mich ebenso.

Darum kleide ich mich entsprechend. Zur Cocktailparty trage ich einen sportlichen Anzug mit offenem Hemd. Zum Opernball trage ich einen Smoking mit Fliege.

Ein Golftag, so finde ich, ist mit einer Party durchaus vergleichbar. Darum ziehe ich mich auch hier entsprechend an. Ich trage eine gut geschnittene lange Hose und ein dazu passendes

Shirt. Auch Gürtel und Schuhe sollten farblich abgestimmt sein. Es würde mir nie einfallen, zu einer weißen Hose und einem hellblauen Shirt schwarze Schuhe auszuwählen.

Für viele Golfer ist ein Golftag offenbar keine Party. Manche ziehen sich an, als ob sie auf dem Weg zur Baustelle wären. Anderen sieht man schon von Weitem an, dass sie sich für die Gartenarbeit eingekleidet haben. Stark verbreitet ist auch der Picknick-Stil.

Ende 2012 haben sie den ehemaligen US-Basketballstar Michael Jordan von einem Golfplatz in Florida gewiesen, weil er eine kurze Cargohose trug. Die Aufregung über den Platzverweis war groß. Die meisten Kommentatoren sahen ihn als weiteren Beweis für unerträglichen Snobismus im Golf.

Ich bin nicht so sicher. Ich bin kein Snob, aber auf dem Golfplatz trägt man keine Cargohose. Cargohosen tragen Bauarbeiter, Soldaten und Förster. Dort erfüllt die Hose mit den vielen Außentaschen ihren Zweck. Auch Gefängnisinsassen tragen sie, denn erfunden wurde dieses spezielle Beinkleid im Knast.

Wenn man auch bei uns die Cargo-Träger vom Platz weisen würde, sänke die männliche Golfpopulation an manchen Tagen um zwanzig Prozent. Sehr beliebt sind auf unseren Plätzen auch schlammfarbene Schlabberleibchen und ausgewaschene Wollpullover. Wenn man auch die verbieten würde, wären weitere vierzig Prozent weg.

Damit man mich richtig versteht: Ich sage nicht, dass ein Golfkurs ein Laufsteg zu sein habe. Genau so wenig wie von proletarischen Männer-Outfits halte ich vom glamourösen Model-Stil auf dem Platz, etwa von jenen Ladys, die sich in glitzernde Raubtierchen verwandeln, in getigerten D&G-Hosen, Cavalli-Shirts im Leopardenmuster und einem Löwengürtel von Versace. Das ist genauso deplatziert wie eine Cargohose mit Schlammshirt.

Bei Prada habe ich kürzlich einen blauen Golfschuh mit aufgesetzten Swarovski-Steinen gesehen. Das ist nur noch lächerlich.

Ein Golftag ist keine Arbeit auf der Baustelle und kein Catwalk auf der Modeschau. Es ist eine Party. Auf eine Party freut man sich. Und dann schmeißt man sich in den passenden Party-Look. In den passenden Party-Look!

Verstehen heißt nicht bestehen

Manche Golfer geben andern Golfern dauernd gute Ratschläge. Schlechte Golfer sind besonders talentiert.

Manfred ist der größte lebende Golfexperte. Manfred kann mir rund um Golf alles erklären. Ich habe noch nie jemanden getroffen, der eine derart vertiefte Kenntnis dieses Sports hatte. Manfred weiß mehr über Golfrunden als Angela Merkel über Koalitionsrunden und Michael Schuhmacher über Trainingsrunden.

Manfred kann mir alles perfekt erklären. Er erklärt mir, was ich falsch mache. Er sagt mir, wie ich meine Schulterrotation und meine Schwungebene verbessere. Er sagt mir, wie ich meinen Griff und meinen Stand korrigiere. Er sagt mir, wie ich meine Pitches und Putts optimiere.

Mich verblüfft immer wieder, dass er recht hat. Er hat nicht immer recht, aber er hat meistens recht. Wenn Manfred mir zum Beispiel sagt, ich solle meine rechte Hand weniger einsetzen oder meinen linken Fuß mehr belasten, dann hat das meistens Hand und Fuß.

Das Problem ist nur, dass Manfred mir alle zehn Minuten sagt, ich solle meine rechte Hand weniger einsetzen oder meinen linken Fuß mehr belasten

»Kannst du nicht einmal den Mund halten, nachdem ich geschlagen habe?«, frage ich dann.

»So wie du schlägst«, sagt er dann, »da kann keiner schweigen«.

Manfred, dies zur objektiven Information, hat Handicap 29. Er hat selbst in einem Matchplay nur ganz selten gegen einen Kollegen aus unserer Runde gewonnen. Aber er weiß dennoch alles besser. Er weiß, wie man es richtig macht.

Und, ich muss es zugeben, er weiß es oftmals wirklich.

Es ist ja ein interessanter Unterschied, wie sich gute und schlechte Spieler auf dem Platz verbal verhalten. Gute Spieler warten immer, bis ein Mitgolfer sie fragt. Der schlechte Mitgolfer fragt dann zum Beispiel den guten Golfer, warum seine Abschläge immer rechts im Forst landen. Er bringe seine Hüfte zu spät, sagt dann der gute Golfer knapp. Von sich aus und ungefragt wird ein guter Golfer nie einen Ratschlag oder einen Tipp an einen Mitspieler abgeben.

Schlechte Golfer teilen sich bei dieser Frage in zwei Untergruppen. Zum einen gibt es die schlechten Golfer, die niemals Ratschläge geben. Sie sind sich ihrer Minderwertigkeit bewusst.

Dann aber gibt es die schlechten Golfer, die guten Golfern dauernd ihre Ratschläge geben. Sie haben keine Minderwertigkeitskomplexe. Ich finde die Spezies ganz in Ordnung, weil sie eine spezifische Eigenart des Golfsports sehr schön demonstrieren: Sie wissen wie es geht, aber es geht einfach nicht so, wie es nach ihrem Wissen gehen sollte.

Wir verstehen Golf, wir bestehen nur nicht darin.

Das heiterste Erlebnis mit Manfred hatte ich vor wenigen Wochen. Wir spielten zum ersten Mal in einem Turnier zusammen. In einem Turnier sind bekanntlich alle Belehrungen verboten. Wer einem Mitspieler hilfreiche Hinweise zu Schlag, Griff und Stand erteilt, bekommt zwei Strafschläge.

Ich spielte also ein Turnier mit Manfred, dem Besserwisser. Ich habe noch nie einen Golfer gesehen, der sich derart auf die Zunge beißen musste.

Ein Prozent an Lebensfreude

Machen wir uns nichts vor: Wir Golfer sind nicht sehr beliebt. Aber wir sind nicht selbst schuld.

Die Schweiz, wie man weiß, ist eine direkte Demokratie. Zu jedem Thema, von der Höhe der Steuern bis zur Breite der Straßen, gibt es eine Volksabstimmung. Über den Bau von Golfplätzen entscheidet ebenfalls das Stimmvolk.

Die letzte Abstimmung über einen Golfplatz fand in der Nähe von Zürich statt. Die Bürger von vierzehn umliegenden Gemeinden mussten über das Projekt entscheiden. Das Resultat war klar: 70,5 Prozent sagten Nein, 29,5 Prozent sagten Ja.

Siebzig Prozent einer gut gebildeten und gut verdienenden Bevölkerung mögen keine Golfplätze. Das ist viel.

Fast gleichzeitig scheiterte ein Golfprojekt bei Tawern im Saarland, bei Dorfen in Oberbayern und bei Salzburg. In den letzten Jahren sind in Deutschland, Österreich und in der Schweiz Dutzende von Golfprojekten nach jahrelangen Vorarbeiten politisch abgeblockt worden.

Die erfolgreichen Slogans gegen Golf waren bei allen Blockaden identisch: »Keine Verschandelung der Natur« und »Kein Spielplatz für Superreiche«. Die Argumente kamen von den Grünen und von den Linken. Doch die Argumente fanden meist weit über das grüne und linke Lager hinaus Anklang.

Warum sind wir Golfer so unbeliebt? Wir tun ja niemandem etwas zuleide. Wir wollen mit unseren weißen Bällen und unseren silbernen Schlägern ja nur ein bisschen in der Natur herumtollen.

Ich glaube, wir sind nicht selbst schuld an unserer Unbeliebtheit. Wir sind eingebunden in eine gesamtgesellschaftliche Veränderung. Unsere frühere Leistungsgesellschaft verändert sich zunehmend in Richtung einer Neidgesellschaft.

In der Leistungsgesellschaft freut sich der Nachbar zu Rechten, wenn sein Nachbar zur Linken dank Sparsamkeit und Fleiß sein Haus umbauen kann. Er strengt sich an, um es ihm gleichzutun. In der Neidgesellschaft strengt sich der Nachbar zur Rechten nicht an. Er fordert stattdessen ein Verbot von Hausumbauten. Dazu gründet er eine Bürgerinitiative, die rasch viel Zulauf bekommt.

Die Vertreter der Neidgesellschaft freuen sich nicht darüber, dass ein Politiker ein guter Redner ist und dadurch hübsche Honorare bekommt. Nein, sie fordern ein Verbot von Honoraren für Politiker. Die Vertreter der Neidgesellschaft freuen sich nicht darüber, dass sich erfolgreiche Unternehmer ein Flugzeug leisten können. Nein, sie fordern ein Verbot von Privatfliegern.

Die Vertreter der Neidgesellschaft sind zu faul, zu asozial oder zu überheblich, um selbst erfolgreich und lebensfroh sein. Also versuchen sie, den anderen den Erfolg und die Lebensfreude zu verbieten.

Damit wären wir zurück beim Thema Golf. Wir Golfer sind eine Minderheit. Im deutschsprachigen Raum machen wir knapp ein Prozent der Bevölkerung aus.

Es ist aber unstrittig, dass in diesem einen Prozent eine hohe Dichte an erfolgreichen und lebensfrohen Figuren zu finden ist. Es ist richtig, die meisten von uns haben keine größeren finanziellen Sorgen, wir wohnen gern schön, wir lieben Wein, Mode und Zigarren, wir spielen manchmal auch unter der Woche Golf und wir fahren nicht mit dem Motorroller auf den Platz.

Für die Neidgesellschaft sind wir das ideale Zielobjekt.

Gegen gesellschaftliche Trends ist jeder individuelle Kampf vergebens. Ich habe es darum längst aufgegeben, irgendwelche Aufklärungsarbeit zu leisten. Den Vertretern der Neidgesellschaft kann man mit rationalen Argumenten nicht beikommen. Als Missionar in eigener Sache macht man sich nur lächerlich.

Ich sage dann bloß lächelnd: »Sorry, aber ich gehe jetzt auf den Platz. Ich neige zu Lebensfreude. Wenn Sie mitkommen möchten, sind Sie herzlich eingeladen.«

Leistungsgolfer und Spaßgolfer

Golfturniere sind ein sportlicher Wettkampf. Das einzige Problem dabei: Sie sind ein sportlicher Wettkampf.

Mario ist der wildeste Hund, den ich kenne. Mario ist ein ehemaliger Polizist und seit einigen Jahren in Rente. Im letzten Jahr hat er 132 Golfturniere gespielt.

In unserem Klub gibt es zwei Turniere pro Woche. Mario ist am Start. Bei den benachbarten Klubs gibt es ebenfalls wöchentliche Turniere. Mario ist dabei. Dann gibt es in unserer Region eine Seniorentournee. Mario ist am Start. Im Winter fährt er erst an den Gardasee, dann fliegt er in die Südtürkei. Dort gibt es Turniere. Mario ist dabei.

Aufgrund der vielen Turniere zuckt sein Handicap wie eine Fieberkurve auf und ab. Mal ist er unten auf neun, dann steigt er hoch gegen zwölf, dann fällt er gegen acht.

Ich habe ihn einmal gefragt, was er mit den Hunderten von Pokalen, Schüsseln, Medaillen und Schalen anstelle, die sich über die Jahre als Preise angesammelt haben. Er lagert die Preise in einem Schrank. Von Zeit zu Zeit entrümpelt er den Schrank.

Seine liebsten Preise, sagte Mario, seien Einladungen für künftige Turniere.

Mario ist vielleicht ein Extremfall, aber er verkörpert die eine Gruppe der Golfbevölkerung. Das sind die Leistungsgolfer. Sie spielen gerne Turniere. Auch wenn sie kein Turnier spielen, muss es um etwas gehen. Dann spielen sie um ein Getränk oder um zehn Euro pro Loch. Sie interessieren sich für den Wettbewerb. Die Leistungsgolfer spielen nie aus reiner Freude am Spiel. Sie freuen sich dann, wenn es nicht nur um Freude geht.

Dann gibt es die zweite Gruppe der Golfbevölkerung. Das sind die Spaßgolfer. Sie spielen zum Freizeitvergnügen. Es ist ihnen lieber, wenn es um nichts geht. Wenn es um etwas geht, in Turnieren und bei privaten Wettspielen, dann spielen sie oft schlechter als sonst. Manche werden in Turnieren nervös und spielen gar keine mehr. Sie interessieren sich weniger für Leistung, sondern für Gesellligkeit. Die Spaßgolfer spielen nur aus reiner Freude am Spiel. Sie freuen sich dann, wenn es nur um Freude geht.

Viele von uns haben uns von Leistungsgolfern zu Spaßgolfern entwickelt. Ich kann mich gut erinnern, was für ein Leistungsgolfer ich anfangs war. Ich spielte regelmäßig Turniere und war sehr angetan, dass mein Handicap recht schnell von 36 auf 16 sank. Dann aber ging es nur noch scheibchenweise hinunter, und auch mein Interesse am Wettkampfsport und an meinem Handicap sank.

Ich bin inzwischen dort angekommen, wo die meisten Golfer ankommen. Wir sind Spaßgolfer, aber Spaßgolfer mit einem leicht schlechten Gewissen. Das leicht schlechte Gewissen rührt daher, dass wir unseren Leistungswillen an der Garderobe der Behaglichkeit abgegeben haben.

Ich spiele knapp zehn Turniere im Jahr. Es sind meist Einladungsturniere. Ich spiele sie auch aus einer Art Pflichtgefühl.

Ja, einer Art Pflichtgefühl. Ich beteuere ja immer wieder, Golf sei nicht nur ein Spaß, sondern auch ein Sport. Da kann ich mich nicht vor jedem sportlichen Wettkampf drücken.

Kein Alligator bei Aldi

Im Zoo halten sie die Tiere in geschlossenen Käfigen. Wir Golfer empfangen sie mit offenen Armen.

Ich erinnere mich gut an Goodwood. Goodwood liegt im Süden Englands. Jeden Morgen um sieben spielten wir dort denselben Platz. Wir freuten uns jeden Morgen darauf, wer uns erwartete.

Jeden Morgen morgens um sieben saßen sie zu viert am Rande der Spielbahn: Vater Hase, daneben Mutter Hase, daneben die zwei kleinen Häschen. Jeden Morgen um sieben schauten sie uns zu, Vater Hase, Mutter Hase und die zwei kleinen Häschen.

Die Hasen schauten uns interessiert zu, aber nicht allzu interessiert. Sie hatten, das sah man ihnen an, schon viele Golfer vorbeiziehen sehen. Sie wussten, wie das Spiel geht. Sie wussten, wie der Hase läuft.

Ich bin bekennender Hobby-Zoologe. Ich liebe Viecher. Ich liebe sie weniger im Zoo. Das kommt mir oft wie ein Verlies vor. Ich liebe die Viecher mehr, wenn sie ungebremst in der freien Natur herumflitzen. Der Golfplatz gehört zur freien Natur.

Wenn ich mir überlege, welche Viecher ich auf dem Golfplatz schon gesehen habe, dann bringe ich das halbe Brehms Tierleben zusammen. Da gibt es Hasen und Hirsche, Frösche und Fledermäuse, Kraniche und Karpfen, Eichhörnchen und Enten, Schlangen und Schwäne.

In Florida habe ich einmal einen Alligator auf dem Golfplatz angetroffen. Er wirkte äußerst angriffslustig, und ich war sicher, er betrachtete mich als leichte Beute. Ich entkam ihm knapp.

Der Alligator, so haben sie mir hinterher erklärt, war leider nicht so bedrohlich, wie ich dachte. Es war ein Alligator im Rentenstand, er wurde täglich gefüttert, war darum vollgefressen, träge und faul. Er hatte auf dem Platz seit dreißig Jahren ein Heimatrecht als Angestellter. Okay, manchmal muss man die eigenen Heldengeschichten etwas relativieren.

Nicht zu relativieren brauchen wir jedoch den großartigen Beitrag, den die Golfplätze zu Erhaltung der Natur erbringen. Golfplätze sind Paradiese der Biodiversität. Auf vielen Plätzen siedeln sich Tiere an, die vorher ein Jahrhundert lang in der Gegend nicht mehr gesichtet wurden.

Das gilt für den Teichrohrsänger genauso wie für die Pechlibelle, den Teichmolch, die Schlingnatter, die Brandgans, den Grauschnäpper und den Ritterfalter.

In manchen Regionen gibt es Dutzende von Arten nur noch deshalb, weil es in diesen Regionen naturbelassene Golfplätze gibt. Oder haben Sie schon einmal eine Brandgans oder eine Schlingnatter auf einem Aldi-Parkplatz gesehen?

Den Grund kennen wir. Golfplätze sind weitaus natürlicher als der Rest unserer Natur. Golfplätze sind nachhaltig. Es gibt hier Bäche, Biotope, tote Gehölze, wuchernde Hecken, Gebüsch und große Feuchtwiesen. Die Viecher lieben das. Außerhalb des Golfplatzes treffen sie selten ähnlich attraktive Lebensräume an. Es ist darum folgerichtig, dass etwa in Deutschland die Wildtier-Stiftung und der Golfverband eine Kooperation zum Schutz der heimischen Fauna eingegangen sind.

Gut, manchmal übertreiben es die Viecher auch ein bisschen. Auf meinem Stammplatz etwa hat im letzten Frühjahr eine Horde von Wildschweinen die letzten zwei Spielbahnen durchwühlt. Sie verwüsteten mit ihren Schnauzen und Läufen die Fairways und Greens, weil sie an Insektenlarven und Regenwürmer herankommen wollten.

Zuerst habe ich mich etwas geärgert, aber dann habe ich mir gesagt. Das ist der Preis, den wir zahlen, weil wir Teil der Natur sind. Wir Golfer können stolz darauf sein, so nah an der Natur dran zu sein.

Auf einem Aldi-Parkplatz, zum Beispiel, habe ich noch nie ein Wildschwein gesehen.

Berberitzen statt Business

Wenn Sie ein gutes Geschäft machen wollen, dann meiden Sie alle Golfplätze dieses Planeten.

Den Satz fand ich in einem Schulungsprospekt. Der Prospekt richtete sich an Verkaufsmanager. Er warb für einen Golfkurs in Andalusien – mit dem Satz: »Da sich auf dem Golfplatz Geschäfte abwickeln lassen, ist es heute für Vermarkter ein Must, sich auf dem Golfplatz zu Hause zu fühlen.«

Es ist also ein Must, Golf zu spielen, weil sich auf dem Golfplatz Geschäfte abwickeln lassen.

Wir wären damit bei einem der größten Vorurteile der Menschheit angelangt. Es besteht darin, dass Golf mit Business zu tun habe. Das ist falsch. Es hat nicht mit Business zu tun, sondern mit Berberitzen.

Damit das auch Nichtgolfer verstehen: Beim Golf geht es im Wesentlichen darum, dass man mit roher Gewalt auf einen Ball haut und dann zuschaut, wie der Ball im Gebüsch verschwindet. Dieser Effekt tritt vor allem dann ein, wenn Männer Golf spielen. Für uns Männer ist Golf ein Kraftsport. Frauen hingegen verstehen Golf als eine Art beschwingtes Bewegungsspiel. Darum landen ihre Bälle fast nie im Gebüsch.

Wir sind der Erklärung nun schon sehr nahe, warum auf Golfplätzen nie Geschäfte gemacht werden. Wir Männer sind dauernd im Gebüsch unterwegs, um unsere verlorene Habe aufzuspüren. Die dauernde Suche nach den Golfbällen lässt uns keine Zeit für vertiefende Gespräche. Das einzige Diskussionsthema von Interesse ist: Hast du ihn gefunden?

Meistens finden wir ihn nicht. Dafür sind wir, wenn wir aus dem Gebüsch zurückkehren, von den Dornen der Berberitzen und Brombeersträucher zerkratzt.

Nun kann man einwenden, hinterher im Klubhaus gebe es Gelegenheit genug, um die Akquisition und den Bankkredit einzufädeln. Auch das ist ein Vorurteil. In der Praxis ist der Golfer vom stundenlangen Ballsuchen in Wald und Gebüsch derart ausgelaugt, dass er nun nur noch eine gute Zigarre, einen schönen Bordeaux und ein schönes Steak will. Das Gespräch dreht sich also um Montecristo, Margaux und Rib-Eye-Steak. Jetzt über Umsätze und Finanzierungen zu reden, dazu hat niemand Lust.

Allenfalls dreht sich das Gespräch noch darum, warum Frauen keine Ahnung vom Golfen haben.

Golf ist das Gegenteil von Geschäft. Bei Bankern, Anwälten und Geschäftspartnern gelingt es mir häufig nicht, einen kurzfristigen Sitzungstermin zu bekommen. Wenn ich sie aber auf eine Golfrunde einlade, haben sie fast immer Zeit. Seltsamerweise können sie schon am übernächsten Tag.

Das hat nichts damit zu tun, dass Golf mit mir besonders unterhaltend wäre. Ich bin ja sowieso im Gebüsch, um meinen Ball zu suchen.

Golf ist das Gegenteil von Business. Die meisten von uns sind einfach froh, dass sie auf dem Golfplatz einmal nicht übers Geschäft reden müssen.

Schweigen ist Silber, Reden ist Gold

Golfspielen mit anderen Golfspielern ist kein Problem. Das Problem ist die Konversation mit anderen Golfspielern.

Grenville ist Engländer. Er arbeitet in der Immobilienbranche. Wenn ich mich mit Grenville nach der Arbeit auf ein Bier treffe, sage ich zur Begrüßung: »Hi Grenville, how are you?« Das waren zugleich meine letzten Worte. Nun redet nur noch Grenville.

In der folgenden Stunde kann ich, mit viel Glück, vielleicht noch zwei weitere Sätze hinzufügen. Der erste Satz lautet: »Bitte ein Bier.« Der zweite Satz lautet: »Bitte nochmals ein Bier.« Die zwei Sätze sage ich aber nicht zu Grenville, sondern zur Kellnerin.

Auf dem Golfplatz ist Grenville genauso. Er redet ununterbrochen. Er redet über seine Reisepläne, über seinen Weinkeller und über seine Finanzen. Nur wenn seine Mitspieler zum Schlag ausholen, schweigt er kurz. Er braucht die Pause, um Luft zu holen.

Wenn ich mit Grenville spiele, nehme ich jeweils einen dritten Spieler mit, denn ich bin als Zuhörer inzwischen etwas abgenutzt. Der bedauernswerte Dritte weiß nach der Runde alles über Grenvilles Reisepläne, seinen Weinkeller und seine Finanzen. Dazu weiß er alles über seinen Hund, seine Frau, seine Arbeit, seine Herkunft, seinen Elektrogrill und seinen zweiten Hund.

Nach der Runde lädt Grenville den neu gefundenen Partner gern zu einer nachfolgenden Runde ein. Es gibt ja noch so viel zu erzählen.

Wie viel soll man reden auf dem Platz? Das ist eine heikle Frage. Die Frage ist besonders heikel, wenn man mit Spielern unterwegs ist, die man nicht oder nur flüchtig kennt. Man ist mit den Fremden für vier Stunden untrennbar verkettet.

Die Spannbreite im Golfervolk ist groß. Sie reicht von Dampfplauderern bis zu eisernen Schweigern. Wenn ich mit Unbekannten spiele, reichen meistens zwei Loch, um herauszufinden, zu welcher Kategorie sie gehören. Ich setze dann jeweils eine harmlose Einstiegsfrage. Ich frage zum Beispiel: »Wie lange spielen Sie schon Golf?«

Der Erste sagt nun: »Gute Frage. Ich muss dir unbedingt die Geschichte meiner ersten Golflektion erzählen. Weißt du, es war in meinem Urlaub auf Mallorca, acht Jahre her, da sagte meine damalige Freundin ...«

Damit wären die nächsten drei Loch überbrückt. »Kennst du eigentlich den Hansi Lindner?«, schiebe ich dann nach, und damit sind auch die nächsten drei Loch gerettet.

Der Zweite antwortet auf die Frage, wie lange er Golf spiele: »Seit 2007.«

Im zweiten Fall ist Vorsicht angezeigt. Es gibt Spieler, die Golf nicht als »social game« betreiben, sondern als Leibesertüchtigung. Sie betrachten Konversation als Bedrohung der Konzentration. Hier ist es ratsam, den Dialog zu reduzieren und eher auf golfspezifische Inhalte auszurichten. Gut sind dann immer nüchterne Themen rund ums Material (»Was ist die Erfahrung mit Ihrem Cobra-Driver?«) und um Golfdestinationen (»Wie finden Sie den Platz von Schloss Goldenstein?«)

Wenn Sie sich auf der Runde gut unterhalten möchten, aber wenig Talent zum Smalltalk haben, dann haben Sie zwei Möglichkeiten. Als erste Möglichkeit buchen Sie einen Kurs in Golf-Konversation. Es gibt Firmen für Sprachtraining, die das anbieten. »Konversation und Redefluss auf dem Fairway« heißt zum Beispiel eine halbtägige Schulung, auf die ich kürzlich gestoßen bin. Der Erfolg ist nicht garantiert.

Daneben haben Sie eine zweite Möglichkeit, sich auf der Runde gut zu unterhalten. Der Erfolg ist garantiert.

Spielen Sie eine Runde mit Grenville. Ich gebe Ihnen gerne seine Telefonnummer.

High Heels und Cohibas

Golf ist der einzige Sport, den man mit einer Zigarre im Mund betreiben kann. Und was ist mit Stöckelschuhen?

Wenn ich mit Hans spiele, ist nur eine Frage offen: Sind es Cohibas oder Montecristos?

Freund Hans raucht von Loch eins bis Loch achtzehn wie ein offener Kamin. Er raucht Zigarren. Er raucht am liebsten diese dicken Dinger aus Kuba, also Cohibas oder Montecristos. Er raucht sie vom ersten Abschlag bis zum letzten Putt.

Wenn er dran ist, legt er die Zigarre in einen Aschenbecher, den er vorn an seinem Golfwagen montiert hat. Neuerdings hat er damit begonnen, die Zigarre nur noch während der Schwünge auf dem Fairway in den Aschenbecher zu legen. Beim Putten nimmt er die Zigarre nicht mehr aus dem Mund. Das sei unnötig, sagt er, weil er ja beim Putten den Kopf nicht bewege.

»Auch bei deinen anderen Schlägen solltest du den Kopf nicht bewegen«, sagte ich. Er schaute mich nachdenklich an. Er überlegte.

Bevor wir das Thema Golf & Zigarren analysieren, muss ich für Nichtraucher und besonders für Nichtraucherinnen eine kurze Erklärung einschieben. Golf & Zigarren, so muss man wissen, sind untrennbar verbunden. Wenn der Mann auf den Platz geht, dann raucht der Mann Zigarren. Warum raucht der Mann auf dem Platz? Ganz einfach. Der Mann auf dem Platz raucht, weil der Mann auf dem Platz in Raucherlaune ist.

Damit wären die Rahmenbedingungen geklärt. Es gibt wenige Selbstverständlichkeiten im Leben der Erdbewohner, die nicht weiter zu diskutieren sind. Die Frau trägt selbstverständlich High Heels, wenn sie zu einer Cocktailparty geht. Der Mann raucht selbstverständlich Zigarren, wenn er auf einen Golfplatz geht.

Die weiblichen High Heels sind die männlichen Zigarren. Sie sind der Ausdruck des aktuellen Lebensgefühls.

High Heels und Zigarren mögen unbequem und ungesund sein, doch darum geht es nicht. Es geht nicht um ihre Folgewirkung, es geht um ihren Symbolcharakter. Sie sind Symbole, die stellvertretend für eine spezielle Lebenssituation stehen. Wenn Madame in Partylaune ist, zieht sie die High Heels an. Wenn Monsieur in Golflaune ist, zündet er die Zigarre an.

Ich kenne keine Frau, die beim Fensterputzen High Heels trägt. Ich kenne auch keinen Mann, der beim Reifenwechsel Zigarre raucht.

Nun kann man die Sache auch weniger tiefgründig und mehr praktisch betrachten. Golf hat einen zusätzlichen Vorteil bei der Tabakverbrennung.

Golf ist der einzige Freizeitsport, der sich mit der Zigarre im Mund ausüben lässt. Kein anderer Sport lässt das zu. Ich habe noch nie einen Stabhochspringer oder einen Rückenschwimmer mit einer Cohiba oder einer Montecristo im Mund gesehen.

Golfer sind die qualmende Ausnahme. Golf klappt mit einer Zigarre im Mund perfekt. Auch Golfprofis wissen das. Darum sind Typen wie Miguel-Angel Jimenez und Darren Clarke nicht Stabhochspringer oder Rückenschwimmer geworden. Sie rauchen lieber Zigarren auf dem Platz.

High Heels hingegen kann man auf dem Platz nicht tragen. Meine Frau bedauert das sehr.

Sie hat darum jetzt mit dem Zigarrenrauchen angefangen.

Einer zahlt immer

Wer bezahlt die Rechnung im Klubhaus? Man kann die Frage spielerisch oder sozialverträglich lösen.

Auf dem Golfplatz gibt es einfache Probleme. Ein einfaches Problem ist zum Beispiel die Frage, wer als Erster abschlägt. Das tut der mit dem niedrigsten Handicap.

Auf dem Golfplatz gibt es dann mittelschwere Probleme. Ein

mittelschweres Problem ist zum Beispiel die Frage, ob man den Ball im Bunker droppen darf. Man darf, mit einem Strafschlag, wie üblich.

Auf dem Golfplatz gibt es aber auch äußerst schwierige Probleme. Eines der schwierigsten Probleme, das ich kenne, ist dies: Wer zahlt?

Wer zahlt? Wer zahlt die Drinks vor der Runde, wer die Drinks auf der Runde, wer die Drinks und das Essen nach der Runde?

Wenn ich andere Golfer in meinen Heimklub einlade, dann ist die Sachlage klar. Ich zahle. Ich zahle die Greenfees meiner Gäste, ich zahle ihre Drinks und ihre Nahrungsaufnahme. Sie sind eingeladen in meine Golfstube. In meiner Stube zahle ich. Ich bin der Gastgeber. Es würde mir schließlich auch nie einfallen, von privaten Gästen vor meiner Haustüre erst einmal zweihundert Euro Eintritt zu verlangen. Nur das Benzin zahle ich nicht.

So weit, so klar. Keiner von uns hat ein Problem, ein paar ausgewählte Golfer bei einem netten Nachmittag mit anschließendem Abendessen durchzufüttern.

Allerdings gibt es eine eiserne Regel, gegen die ein Golf-Gentleman und eine Golf-Gentlewoman niemals verstoßen dürfen. Keine Einladung ohne Gegeneinladung. Hier gilt Nulltoleranz. Diskutierbar ist nur die Frist, innerhalb derer die Gegeneinladung zu erfolgen hat. Ich halte ein halbes Jahr für angemessen.

Wenn ich einen Golfer einlade und der Golfer mich nicht innerhalb von sechs Monaten ebenfalls einlädt, dann gibt es nur eines: Der Mann oder die Frau kommen auf die schwarze Liste. Für immer und ewig.

Komplexer ist die Fragestellung, wenn man Golf spielt, ohne dass ein deklarierter Gastgeber in der Runde ist. In der Theorie könnte nun jeder für sich selbst bezahlen.

Die Theorie ist von der Praxis allerdings weit entfernt. Ich habe es in meiner ganzen Golfkarriere noch nie erlebt, dass ich nach einer Runde mit meinem Spielpartner eine Flasche Weißwein getrunken habe und dann jeder von uns die Hälfte der Zeche übernommen hat. Nein, einer zahlt immer die ganze Rechnung.

Um das Problem zu entschärfen, gibt es eigentlich nur einen fairen Weg. Man spielt um einen Einsatz. Wir halten es häufig so: Auf den ersten neun Loch geht es um die flüssige Nahrung. Auf den zweiten neun Loch geht es um die feste Nahrung. Der jeweilige Verlierer muss dran glauben. Doppel-Niederlagen sind zulässig.

Noch einfacher geht es, wenn man dem Prinzip der sozialen Gerechtigkeit folgt: Im Klubhaus zahlt der, der am meisten Geld hat.

Nun muss man nur noch herausfinden, wer am meisten Geld hat. Das ist einfach.

Am meisten Geld hat der, der im Klubhaus zahlt.

Die Wahrheit und die Weisheit

Wenn ich auf dem Golfplatz sage, was ich sagen möchte, dann büße ich jahrelang dafür.

Mein Golfpartner spielte wirklich schlecht an diesem Tag. Er traf kaum einen Ball. Nach der Runde verzogen wir uns an die Bar. Bei der zweiten Flasche sagte ich zu ihm jenen Satz, den ich in meinem ganzen Golferleben am meisten bereue.

Ich sagte zu ihm: »Du, ich habe noch nie einen Single-Handicapper gesehen, der so schlecht spielt wie du.«

Ich war etwas angeheitert, zugegeben. Der Satz war trotzdem unverzeihlich.

Unsere Freundschaft, die zwanzig Jahre angedauert hatte, gefror. Er ging auf Distanz. Wenn wir uns bei offiziellen Anlässen begegneten, waren wir höflich, aber distanziert. Wir duzten uns zwar weiterhin, aber es war ein nüchternes Du. Wir spielten nicht mehr Golf miteinander.

Mein Fehler war, dass ich meine Wahrnehmung von Golf mit seiner Wahrnehmung von Golf verwechselte.

Es lief damals sehr gut in meinem Unternehmen. Es lief gut, die Aufträge kamen herein, ich war viel unterwegs, Geld spielte keine große Rolle, ich war entspannt. Ich verbrachte wenig Zeit auf dem Platz. Erfolg im Golf war mir nicht wichtig. Golf hatte den Stellenwert eines lockeren Freizeitvergnügens, wenn die Zeit dafür reichte.

Bei ihm war es umgekehrt. Er war Anwalt. In seiner Kanzlei lief wenig, die Aufträge blieben aus, er kam nicht viel herum, er sorgte sich um seine Finanzen, er war angespannt. Er verbrachte viel Zeit auf dem Platz. Erfolg im Golf war ihm wichtig. Golf hatte den Stellenwert einer wichtigen Beschäftigung, mit der er seine Zeit nutzte.

In so einer Situation darf man eines nicht sagen. Man darf auf keinen Fall sagen: »Du, ich habe noch nie einen Single-Handicapper gesehen, der so schlecht spielt wie du.« Es ist vielleicht die Wahrheit. Aber Weisheit ist es nicht.

Man darf die Bedeutung von Golf nicht unterschätzen. Ein Bekannter von mir, ein früherer Diplomat, verlor durch eine Intrige im Auswärtigen Amt seinen Job und als Folge davon seine Frau. »Ohne Golf«, sagte er mir, »hätte ich das nicht überlebt«. Ein anderer Bekannter, ein früherer Topbanker, verlor in der Finanzkrise seinen Job und als Folge davon seinen sozialen Status. Auch er sagte mir: »Ohne Golf hätte ich das nicht überlebt.«

Golfspielen ist die beste Methode in unserer Welt, um zu vergessen. Beim Golfspielen kann man alles vergessen. Man vergisst den Alltag, die Sorgen und alles andere. Man vergisst den Job, die Scheidung und den sozialen Status.

Die Kunst des Vergessens ist überlebenswichtig. Wer nicht vergessen kann, der geht kaputt. Die Erinnerungen werden zur Folter. Sigmund Freud nannte den Prozess nicht »vergessen«, er nannte ihn »verdrängen«. Im Prinzip geht es um dasselbe. Es geht darum, die Erinnerungsspur im Hirn möglichst schmerzlos zu löschen.

Vor Kurzem spielte ich erstmals wieder mit meinem früheren Golfpartner, dem Anwalt. Unsere Frauen hatten uns dazu ermuntert. Er erzählte mir auf der Runde, dass er nun als Leiter des Rechtsdienstes für ein großes Unternehmen arbeite und dort in der Geschäftsleitung sitze. Er zeigte mir auf dem Handy ein Bild seines neuen Ferienhauses in den Alpen. Es war eine angenehme Runde.

Seine Erinnerungsspur war verblasst. Aber es hat Jahre gedauert.

Snobs und Proleten

Wenn der Golfer die Wahl zwischen einem Rolls Royce und einem Dosenbier hat, wählt er das Dosenbier.

Wir spielten in der Nähe des Bodensees. Es war heiß. Ich hatte eine Dose Löwenbräu dabei. Ich verzog den Ball nach links, in die Nähe einer anderen Golfergruppe. Ich ging hinüber, stellte meine Dose Löwenbräu ins Gras und schlug den Ball auf meine Spielbahn zurück.

Da sagte einer aus der anderen Golfergruppe zu mir: »Auf unserem Platz trinken wir kein Bier aus der Dose. Das mögen wir hier nicht.«

Das mögen wir hier nicht. Sehr gut. Ich verzichtete auf die Frage, ob er nicht doch einen Schluck möchte und wechselte kommentarlos auf meine Seite hinüber.

Ich war einem Golfsnob begegnet.

Der Golfsnob ist eine recht verbreitete Spezies. Die Spezies präsentiert sich in verschiedenen Ausprägungen. Der Golfsnob, ob männlich oder weiblich, gehört zur Golfergruppe der erhöhten Würde. Es ist zum Beispiel unter ihrer Würde, Dosenbier zu trinken. Es ist unter ihrer Würde, jemals einen Flight von hinten durchspielen zu lassen. Es ist unter ihrer Würde, mit einem Putter zum Preis von fünfzig Euro zu lochen.

Das ist soweit kein Problem. Das Problem beginnt erst, wenn der Golfsnob mir demonstrativ sagt, dass er es entsetzlich findet, wenn jemand Dosenbier trinkt, einen Flight von hinten durchspielen lässt und mit einem Putter für fünfzig Euro locht.

Ich habe überhaupt kein Problem, wenn eine Dame mit einem Golfbag von Goyard Malletier spielt, der 5.000 Euro kostet. Ich habe erst ein Problem, wenn die Dame mir demonstrativ sagt, dass sie mit einem Golfbag von Goyard Malletier spielt, der 5.000 Euro kostet.

Der Snobismus ist, historisch betrachtet, ein Phänomen des Proletariats. Nur Proletarier können Snobs sein.

Das hat historische Ursachen. Der Ausdruck »Snob« gilt als Abkürzung des lateinischen »sine nobilitate« – ohne Adelstitel. Snobisten nannte man ab dem 18. Jahrhundert die Emporkömmlinge aus nicht-adligen Familien. Wenn sie es in der Gesellschaft etwas nach oben gebracht hatten, entwickelten die Aufsteiger oft eine selbstgefällige Form der Arroganz. Sie wurden Wichtigtuer. Sie fuhren einen teuren Rolls Royce, wenn die echten Adeligen mit einem Jeep zufrieden waren. Sie tranken eine Flasche Champagner auf dem Golfplatz, wenn sich die echten Adeligen mit einer Dose Bier zufriedengaben.

Die Emporkömmlinge und Wichtigtuer versuchen bis heute, etwas Besonderes zu sein. Darum lassen sie beispielsweise keine anderen Flights von hinten durchspielen.

Auf dem Golfplatz gibt es genug dieser Wichtigtuer. Sie wollen uns zeigen, dass sie etwas Besonderes sind. Sie wissen nicht, dass echte Besonderheit darin besteht, die Besonderheit nicht zu zeigen. Daran erkennt man den echten Adel.

Wenn Sie auf dem Golfplatz also auf einen Snob treffen, dann wissen Sie, was Sie antreffen. Sie treffen einen Proleten. Snobs sind Proleten. Mit Proleten geben wir uns nicht weiter ab.

So, und jetzt brauche ich dringend ein Dosenbier.

Die Kathedrale der Kalorien

Das Klubhaus ist die Visitenkarte eines Klubs. Wichtiger als die Visitenkarte ist manchen die Speisekarte.

Das schrecklichste Klubhaus, das ich jemals betreten habe, stand in Spanien. Es war ein Plattenbau aus vorgefertigtem Beton, der stark an die Eleganz der DDR-Architektur erinnerte. Die Decken waren im Eierschachtel-Design gehalten. An der Bar lief der Fernseher, und auf der Terrasse standen braune Plastikstühle.

Das wunderbarste Klubhaus, das ich jemals betreten habe, stand in England. Es war im britischen Landhaus-Stil gehalten, von Efeu überwuchert, mit sichtbaren Holzbalken an der Decke und kassettierten Fensterfronten. Neben der Bar brannte das Kaminfeuer, und die Zierkissen hatten Rosenmuster.

Neueinsteiger in unseren Sport fragen mich manchmal, bei welchem Klub sie Mitglied werden sollten. Ich sage dann, das sei eine leichte Frage. Ich rate ihnen, einfach die Klubhäuser der Umgebung abzufahren. Wenn sie sich in einem Klubhaus wohlfühlen, sage ich, werden sie sich auch im Golfklub wohlfühlen.

Es muss nicht immer ein englisches Landhaus mit Kaminfeuer sein. In Süddeutschland zum Beispiel haben sie kürzlich einen neuen Golfplatz gebaut. Ein Klubhaus konnten sie sich anfangs nicht leisten. Darum stellten sie zwei Bau-Container hin und richteten darin eine Küche ein. Es war saumäßig gemütlich in den Containern. Manchmal war es gemütlich bis nach Mitternacht. Einige Zeit später war genug Geld für ein richtiges Klubhaus beisammen.

Es gibt bis heute noch einige, die sich die alten Container zurückwünschen. Ich gehöre auch dazu.

Das Klubhaus ist die Kathedrale eines Golfklubs. Manchmal darf die Kathedrale auch eine Kapelle sein.

Das Herzstück des Klubhauses ist das Restaurant. Über kaum ein anderes Thema ereifern sich Klubmitglieder lieber als über die Speisekarte, die Weinkarte und die Qualität der Küche. Der Grund liegt in einer Eigentümlichkeit des Golfsports.

Golfspielen macht unglaublich hungrig. Nichts macht hungriger als Golf. Nach vier Stunden Radfahren, Skifahren oder Wandern hat der Mensch zwar etwas Appetit, aber es hält sich im Rahmen. Nach vier Stunden Golf hingegen wird der Mensch von einer hemmungslosen Hungerattacke heimgesucht. Der Hypothalamus, das Hungerzentrum im Zwischenhirn, alarmiert den Golfer schon beim Verlassen des 18. Lochs, es sei nun höchste Zeit, das Restaurant im Klubhaus aufzusuchen.

Ich weiß auch nicht, warum das so ist. Medizinische Erklärungen für diesen Golferhunger gibt es keine. Eine Golfrunde verbraucht bloß etwas mehr als tausend Kalorien.

Es muss also etwas Zwanghaftes haben. Ein zwanghaftes Verhalten ist in der Medizin dadurch beschrieben, dass das Individuum einen heftigen inneren Drang hat, etwas zu tun oder zu denken.

Nach dem 18. Loch kann man nur noch an eines denken. Der Drang ist heftig, er führt ins Klubhaus.

Als wir in diesem wunderschönen, englischen Landhaus-Klubhaus am Kaminfeuer saßen, bestellte ich die Empfehlung des Tages. Als Vorspeise gab es einen Shrimp Salad, dann Roastbeef. Es war schrecklich. Die Garnelen duckten sich unter einer zentimeterdicken Mayonnaise-Schicht, und das Roastbeef war zäh wie ein Golfhandschuh.

Als wir auf der Terrasse des spanischen Plattenbaus auf unseren braunen Plastikstühlen saßen, bestellten wir ebenfalls die Empfehlung des Tages. Es gab erst eine Gazpacho und dann eine Zarzuela. Es war wunderbar. Die kalte Suppe war perfekt, die gemischte Fischplatte ein Genuss.

Wenn ich die Wahl zwischen Landhaus und Plattenbau hätte, dann müsste ich mich entscheiden zwischen dem Geschmack des Innenarchitekten und dem Geschmack des Küchenchefs. Es ginge um Geschmacksempfinden gegen Geschmacksnerven. Es wäre eine Entscheidung von Geschmack gegen Geschmack.

Ich bin Golfer. Ich bin hungrig. Ich nehme den Plattenbau.

Unsere Heldengeschichten

Robin Hood und Wilhelm Tell sind Helden. Doch beiden gelang nur ein einziger guter Schlag.

Ein einfaches Beispiel. Unser Golffreund schlägt zu, und der Ball landet kurz und flach im hohen Gras.

Unser Golffreund sagt nun nicht: »Oh je, mein Ball landete kurz und flach im hohen Gras.«

Unser Golffreund stattdessen: »An diesem Loch habe ich einmal einen Superschlag gehabt, extrem weit und extrem hoch.«

Unser Golffreund beschreibt dann detailliert, wie ihm sein damaliger Superschlag gelungen ist. Er beschreibt, wie er den Ball wunderbar getroffen hat, wie der Ball darauf in die Stratosphäre hinaufstieg und dann direkt neben die Fahne fiel. Dann beschreibt er, wie er den Ball souverän eingelocht hat. Ein Volltreffer auf der Scorekarte.

Wir hören dem historischen Exkurs mit Interesse zu, und dann suchen wir gemeinsam den Ball, den unser Golffreund soeben kurz und flach ins hohe Gras geschossen hat.

Jeder von uns Golfern hat seine Heldengeschichten. Das Schöne am Golf ist, dass jeder von uns gelegentlich ein Held ist. Wir waren alle schon Helden. Wir alle hatten unsere Stunde der Glorie. Wir alle haben einmal einen einzigartigen Eagle gespielt. Wir alle haben einmal einen unglaublichen Putt versenkt. Wir alle haben einmal aus dem Sandbunker direkt eingelocht. Ein paar von uns haben sogar ein Hole-in-one geschafft.

In der Stunde der Not erzählen wir dann unsere Helden-geschichten. Das ist nicht nur trostreich, sondern auch historisch korrekt. Helden werden in der Geschichte nur an ihren Höchst-leistungen gemessen. Keiner fragt, was die Helden vor und nach ihrer Heldentat getrieben haben.

Robin Hood zum Beispiel war ein Held. Den Sheriff, der ihn verfolgte, erledigte er perfekt mit dem Bogen. Ein Volltreffer auf der Scorekarte. Niemand fragt heute, wie häufig Robin Hood zuvor das Ziel verfehlte. Wilhelm Tell zum Beispiel war ein Held. Den Apfel auf dem Kopf seines Sohnes traf er perfekt mit der Armbrust. Ein Volltreffer auf der Scorekarte. Niemand fragt heute, wie häufig Wilhelm Tell zuvor danebenschoss.

Erst recht fragt heute niemand, wie häufig Golfer Hood seinen Abschlag in den Sherwood Forest gehauen hat. Niemand fragt heute, wie häufig Golfer Tell auf dem Rütli den Ball am Loch vor-beigeschoben hat.

Ein Leben lang haben Robin Hood und Wilhelm Tell hinterher von ihrem Meisterschuss erzählt. Im Klubhaus konnten es die ande-ren schon nicht mehr hören.

Helden werden nur an ihrer Stunde des Triumphs gemessen, nicht an ihrem Alltag. Als größter deutscher Held, so ergab eine Umfrage, gilt Arminius. Seine Stunde des Triumphs kam im August des Jahres 9 n. Chr., als er die Römer im Teutoburger Wald besiegte. Niemand fragt heute, wie viele Bälle Arminius zuvor im Teutoburger Wald verloren hat.

Die Heldentat ist es, die zählt. Alles andere ist unwichtig. Für den Eintrag in die Geschichtsbücher genügt die eine, einzige Heldentat.

Die Geschichtsbücher der Golfer sind die Scorekarten. Auch auf der Scorekarte genügt die eine, einzige Heldentat.

Gerade gestern zum Beispiel hatte ich einen Putt zum Birdie. Es war ein Putt aus fünfzig Zentimetern. Ich habe ihn kaltblütig versenkt. Ich habe diese Großtat Robin Hood und Wilhelm Tell gewidmet.

Wir alle sind Helden.